FBI

套話術

讓他不知不覺說真話

系列作品暢銷
破20萬本
增修版

（原版書名：FBI 套話術，讓他不知不覺說真話）

Advanced Interviewing Techniques

美國聯邦調查局任職
18 年資深人員
約翰・薛佛
John R. Schafer

合著

銷售突破百萬之
年度十大影響力好書
《FBI 教你讀心術》作者
喬・納瓦羅
Joe Navarro

廖桓偉、陳映融 譯

CONTENTS

（原版書名：ＦＢＩ套話術，讓他不知不覺說真話）

推薦序一

練技，也練心

臨床心理師／蘇益賢

看到書名「套話」兩字時，我皺了一下眉頭。原因在於這兩個字對心理師而言，其實相當敏感。根據約定俗成的說法，套話是指在對方沒有決定想坦白的狀況下，透過技巧挖掘而取得資訊的過程。而這與心理諮商背後的基礎——雙方同意且知情，是有些衝突的。

但在閱讀過內文之後，我才理解出版社將本書書名，從原文的《進階晤談技巧》（*Advanced Interviewing Techniques*）另譯為《FBI套話術，讓他不知不覺說真話》背後的想法。因本書兩位作者都曾任職於FBI，兩人在工作生涯中大量使用的訪談技巧，幾乎都是應用於審問、偵訊等警政司法情境上。

套用我較熟悉的臨床用語，他們每天所面對的受訪者，近似於所謂的「非自願案主」（Involuntary Clients）。在進行臨床晤談時，當事人的動機與自主性，會顯著影響到整個對話的進行，晤談背後的策略與思路也完全不同。

雖然在真實生活中，我們大概不會有什麼機會，從所謂的嫌疑犯身上套出真話（當然，此刻正在閱讀本書的相關工作者除外，好比警察、法官等）。不過，我們倒是有很多機會需要與各種「嫌疑犯」，也就是剛提到的非自願案主進行溝通。比方說：妳家晚歸三小時的老公、連續三天沒有拿聯絡簿給你簽的小孩、開會時總是沉默不語的部屬……。

本書架構清楚，論述思維也頗符合當代心理學潮流。所謂進階晤談技巧，並不是透過很多的話術堆疊而成。而是回到基本面，從思考人選、非語言訊息，及改變與安排環境打好基礎，進而確保雙方關係的建立。在這些基本功夫都到位之後，才開始介紹如何營造不同人際情境的方式問話、突破僵局的做法等。

書中觀念與做法值得讀者細細閱讀，惟在實際應用前，須留意東、西方的文化差異，亦即根據所處環境與對象，稍加彈性的調整。此外，書中提供的許多「技法」讀起來、用起來也許不難，但在這些方法可以發揮功用之前，仍有些「心法」需要琢磨。

回到根本，了解人類心智的學問——心理學，特別是近代根基於科學研究的實證心理學知識，將會是您往後繼續磨練心法的最佳夥伴。

（本文作者任職於初色心理治療所。專長為青少年與成人之心理評估與心理治療、職場員工協助與心理學講座。）

推薦序二

身體最誠實。套話就從身體語言開始！

知名企業講師／黃永猛

根據美國南加州大學（University of Southern California）的研究，發現人與人交談時，只有七％的感受是經由語言來傳達，三八％是說話的口氣，五五％是透過肢體語言來傳遞訊息。後兩者相加的九三％就是態度，與人溝通時態度不對，其餘七％的內容沒人會聽。而態度就是從創造對談氣氛與建立融洽的關係開始，也是本書一開始強調的核心價值。

我們跟人接觸時，最先看到的是那張臉，然後才聽到聲音。有句話說：「笑臉迎神，惡臉不開張。」如果一開始就擺臉色，再好的建議誰都無法接受。因此，與人對話時要先觀其行，再聽其言。觀行聽言就是聽話與情報蒐集。

多年來，我無論是講授人際溝通或者談判課程時，都會強調身體語言有五種：一是臉部表情（Face），二是手臂（Arms），三是雙手（Hands），四是雙腳（Legs），五是身體角度

（Body Angle）。而觀察對方時，不能只針對單一身體語言，而是著眼於以上五種整體觀察。

在觀察對方時，特別要留意雙手，因為你若發現對方的臉是笑的，雙手卻是緊握，這就出現矛盾現象。

與人交談時，身體會傳達三種訊息：綠燈、黃燈、紅燈。當對方身體往前傾、雙手放開、點頭微笑時，閃的是綠燈，表示對談的氣氛是正向的，就像我們開車時，若遇到綠燈，我們會持續前進。以商務場合舉例而言，當對方呈現思索的表情，此時進入黃燈階段，我們應該問一個開放性問題：「關於價格，是否還有我沒說清楚的地方？」關心的同時也能向他套話。

當對方身體往後傾，不斷搖頭且嘴巴緊閉時，此時進入紅燈模式。我們必須切入暫停模式，喝口水或休息五分鐘再對談。這些我在授課時強調的三種身體信號，與這本《FBI套話術，讓他不知不覺說真話》的關鍵技巧中，也得到驗證。

我誠摯推薦這本書的三大理由：

一、實用性

細膩就是美學，觀察對方要鉅細靡遺。聽話、回話、套話，是技術更是藝術。因此，如同本書所述，讀者可以運用「洞察與評估技巧」（The Spot and Assess Technique）從觀察身體語言開始，並從聽話、回話、套話中快速蒐集大量資訊。

尤其，書中所採用「由上而下／由外而內」的方法，從對方的頭髮一路往下看到腳，描述對方身上的疤痕、記號與刺青；緊接著再由外而內，敘述對方的服裝風格，以及手錶、珠寶等配件的實務技巧（詳見第六十頁），更可以讓讀者運用在生活與工作中。

二、邏輯性

我在講授雙贏談判課程時，從談判計畫開始，對手資訊的蒐集、氣氛的營造、打破僵局，到收尾，與書中闡述從約談計畫開始、環境的設置、道具的使用到約談對象的評估、建立融洽關係與有效溝通的架構不謀而合，也足證本書的邏輯性與周延性。

三、趣味性

閱讀這本書時，能夠很快的融入兩位作者精彩的情境中，無論是書中提及的富蘭克林效應（Ben Franklin Effect，詳見一〇三頁），或是米蘭達警語（Miranda warning，詳見第七章）以及阿拉伯人傾向於聯想性思考等篇章，都值得細讀。

還有，第三部中作者明確指出，若你問話的對象回覆「我不記得」、「我想不起來」、「我的記憶不是很清楚」之類的，都有可能代表他不誠實。上述段落都呈現出整本書的有趣性與可讀性。

兩位作者擔任FBI幹員的資歷，合計近半世紀。他們以自身的實務經驗切入套話術。讀者若能用心體會，並落實於職場上，無論是人際溝通、還是談判專業技能，都將大幅提升，值得推薦！

（本文作者現任《經濟日報》〈談判秘笈〉專欄作家、談判溝通行銷專業講師、W&G水鑾行銷廣告總經理、BNSC業務談判研究中心主持人。著作有《搶攻業績四十八小時》、《小牌K大牌》。）

推薦序三

溝通是藝術，更是殺傷力強大的武器

說書YouTuber／NeKo嗚喵

儘管這本書中的套話術是以犯人與談判者之間的溝通為主，但是在人與人之間的內心攻防戰之下，我們也需要觀察別人說話的抑揚頓挫、肢體語言，來調整溝通策略。

多數講溝通技巧的書籍，都著重於談吐上，這是我看過第一本這麼詳細的實用技巧，簡直是無所不用其極的引導對方說出實情，甚至是進一步破解對方的謊言！我想，先學會這些招式的人，在面對夫妻或情侶之間的相處時，會有很大的優勢吧。

從古至今，文字、語言的殺傷力就很驚人。《希伯來書》（*Hebrews*）記載：「神的話語是有生命、有功效的；比任何雙刃的劍更鋒利。」溝通又何嘗不是如此？一道刀傷或許會致命，一句話語則會讓人致鬱。拆穿謊言就像是諜對諜的情報戰一樣，是敵我雙方之間互有往來的攻防戰。遑論對話的聲調、肢體透露的訊息，甚至從衣著開始就設下陷阱，等著對方跳進我們精心設計的圈套。

我現在才知道原來知名犯罪影集《紙房子》（*La casa de papel*，按：西班牙影集）裡，那些談判人員為什麼都要穿著乾淨整齊的西裝，講話談吐之間都流露著善意。即便警方內心急於找出歹徒的弱點和漏洞，也會恩威並施的進行約談。這就是所謂「鞭子與糖果」的伎倆。然而，本書能夠帶給你的，不是路邊隨處可見的軟糖，而是由ＦＢＩ親自教授的頂級甜點。看完這本書，不僅能夠讓你在雙向的互動上掌握先機，在單向的訪問也有極大的幫助。

現在閱讀本書的你，就算不是立志成為談判高手，也能將其中的大量心理學知識應用在生活當中。我非常喜歡第十章的肢體細節描述，很多小動作連我自己都沒發現過，像是習慣性摸臉、用手比劃強調誠實、手腳的擺放位置……都能夠呈現講者的攻擊或是防禦姿態。我在拍攝影片的時候，也會利用手勢加強談話內容，來強調細節或是抓住聽眾的注意力。

此外，第十四章談到的「應對約談對象的怒氣」，提供方案使我們能夠和平的面對盛怒的對話。相信每個人在一生中，一定都免不了遇上一次來勢洶洶的談判或討論，此時相較於爭論的內容，把氣氛處理好更加重要，而談判結果的好壞則是取決於如何應對對方的怒氣。這本書對一般人在溝通上的好處之多，應列為大學通識課必讀內容。

（本文作者為在YouTube上，每星期推薦一本書的全職說書人。從個人成長到兩性、商業，無書不談。用最口語輕鬆的方式，拉近人與文字之間的距離感。）

推薦序四

犯罪問題起源於人心的變動

臺灣警察專科學校科技偵查科副教授／曾春僑

過去偵辦案件時，常須面對矢口否認、謊言交織或沉默以對的當事人。為避免冤枉、錯失偵查先機，甚至被誤導方向，如何快速正確分辨內容真實性，實為偵查的嚴峻挑戰。

本書兩位作者均為美國聯邦調查局資深探員，長年身處反情報工作前線，使他們累積豐富的行為語言分析與高階晤談藝術。有別於心理諮商的晤談，犯罪與反情報偵查晤談則須更多腦力激盪，靈活運用融洽關係、行為徵候問題、話題發展、深度聆聽、測謊技術及人際距離評估等技巧，方能在錯綜複雜的案件中抽絲剝繭，尋得真相。

翻閱本書，如同開啟記憶的閘門，昔日參與偵辦的刑案畫面一一浮現，書中精闢的分析與獨到的見解，竟與當時抽絲剝繭過程不謀而合，舉例如下：

一、**「萬里雙屍命案」**：主嫌鄭金文因債務糾紛，夥同多名共犯殺害兩位債權人，並將屍體掩埋至海邊。為避免犯行曝光，鄭金文甚至企圖進一步殺害部分共犯滅口。該案經家屬通報失蹤後，初步研判當事人凶多吉少。在不知屍體與現場的情況下，警方透過各項情資分析，過濾嫌犯間彼此利益衝突關係，鎖定未被殺害之黃姓共犯作為突破口，運用本書中敘述的融洽關係建立策略，並分析利弊得失與利用彼此矛盾心理，讓其了解與警方合作方能保命並獲得最大利益。最後成功建立信任橋梁，黃姓共犯不僅供述完整案情，更親自指引警方前往數個關鍵地點進行採證，並挖掘出被害者遺體，全案順利偵破。

二、李姓「科技業之狼」連續性侵害案：嫌犯李永隆利用小型新創科技公司為掩護，長期在不同地方對不同求職者下藥性侵，在現場已清理、無法取得實體證據情況下，先透過測謊精確了解犯罪過程後，再以書中敘述的晤談技巧，透過行為語言觀察其內心最羞赧與恐懼事項，確認已過世母親為其心中軟肋，因此轉由生母教養態度著手，製造當事人內心認知衝突，進而讓其主動自白案情。最後更如滾雪球般，揭露嫌犯隱藏的其他罪行，包括多起性侵、私密性影像散布以及毒品等案件。可惡的是，嫌犯服刑十餘年出獄後，未能誠心悔過，在改名為李允然後犯下多起更嚴重罪行，或許在類似性侵害者治療方案中，可再導入更多本書中晤談技巧，以便能更深入探究當事人心理，以達到最佳教化效果。

犯罪問題起源於人心的變動，面對現今商場競爭與不斷推陳出新的詐騙手法，此書正好提醒大眾如何在短時間內察覺對方的異狀，讓自己有所警惕，避免更大損失。

本書不僅是執法人員洞悉犯罪心理、提升偵查技巧必讀之作，對於經常與客戶互動、需要判斷對方意向的業務人員，或是肩負保護商業機密重責的人士，更能提供完整的識人智慧與風險預警。有幸受邀撰寫序言，深感此書對社會大眾的助益，特此鄭重推薦。

（本文作者現任臺灣警察專科學校科技偵查科副教授。專長領域為刑案現場勘察、證物處理實務、刑事鑑識等。著有《臺灣超級大案鑑識現場》。）

作者序
融洽關係，是約談與審問的關鍵

相較於過去，一般社會大眾開始以更嚴格的態度審視警政與約談方式，因此警方必須研擬出能因應政治與社會背景的新技巧，亦即他們得使用更柔性的約談與審問手法。《FBI套話術，讓他不知不覺說真話》，將介紹如何降低約談與審問內容的侵略性與威脅意味，又能從約談對象口中套出真相。

本書所談的正向約談技巧的關鍵，在於建立融洽關係，因為嫌犯與證人若對調查員抱有好感，就較願意招供或提供有用的資訊。正向約談是靠心理學原則來獲取資訊，而不是靠脅迫。書中介紹的心理學原則源自心理學研究，而且它們的效果皆有現場實證。

本書主要寫給專業人士閱讀，並納入最進階的約談技巧。另外，其他約談書籍強調過的主題，本書就不再贅述。因為市面上，相關書籍與手冊應有盡有；但是當你想在厚重的書本中迅速找到資訊，不但耗費時間，還得花一筆錢。本書就宛如執法人員獲取資訊的原則：快速、權威、簡明扼要。

引言
是人，都有不願說出的真話

向證人或嫌犯「問話」的方法有兩種：約談與審訊。約談比較和善，是向證人（或間接相關人士）蒐集情報；審訊是威嚇意味較濃的做法，要從不情願的嫌犯口中套出資訊。

運用這兩種完全不同的套話術，調查員的心態也截然不同。於是調查員在約談時可扮演較溫和的角色，審問時就換成較強硬的態度。尤其是當證人基於各種理由而出現類似嫌犯的不合作行為時，調查員的態度要轉為強硬。

根據研究，被訊問者的態度常會轉變，在「抗拒連續帶」（resistance continuum）內的不同程度間遊走。亦即有時被訊問者會完全配合的提供資訊；過一陣子則突然閉口不提、甚至乾脆保持沉默。一旦具備這樣的概念，調查員就可利用一連串的專門約談技巧，克服對方各種程度的不合作心理。

當然，光是學會各種套話技巧，你還無法成為優秀的調查員。優秀的調查員不只知道如何應用約談技巧，還能分辨出各項技巧適用於什麼情況。若是在錯誤時機使用錯誤技巧，可能會對約談結果造成毀滅性的影響。因此，必須保持謹慎。優秀的調查員會從正式訓練、個人經驗與其他同事的分享，來累積技巧，再將這些技巧消化、吸收，成為個人特質。當這些套話技巧成為你性格中的一部分，你就可以在約談過程中自然施展。

沒有一種套話方法或技巧是萬用的成功方程式。還是要經過無數次的約談，才能成為優秀的調查員。無論約談的事項有多麼細瑣或不重要，都是磨練你套話技巧的機會。

別人試過有效的套話術，對你來說不見得有用，何況每次案件情況也不能一概而論。假如某個技巧一開始並不管用，就要換個角度試試看，或加入一點個人風格；**假如這個技巧依然無效，那麼就算其他調查員認為它有效，你也應該將之捨棄**。

無論是藉由傳統的約談審問技巧，還是抗拒連續帶，約談流程的重心都是「目的明確的有效溝通」。本書以調查員的溝通技能為基礎，拓展其套話技巧。

前三章將會介紹情境模擬、「座位」的安排，以及道具的用法。第四到第七章則強調如何在法規限制下，建立有效溝通。第八到第十一章，則討論欺騙行為，以及辨識謊言的言語與非言語線索。

第十二章深入探討問話的藝術。第十三章介紹調查員各種套話技術，處理約談對象的抗拒行為。第十四章介紹如何應付約談對象的怒氣。第十五章探討突破約談僵局的技巧，這是問話時最大的瓶頸。最後一章介紹替約談收尾的方法，這是最容易被忽略的部分。附錄收錄對一名謀殺嫌疑人的真實約談，其中包含調查員使用的具體約談技巧以及注釋。

第一部

約談的先決條件，布局

第 1 章

模擬問話情境——最重要、最被忽略

就像舞臺演出一樣，
演員（你）、對話、道具、服裝都舉足輕重。
事前你要規畫偵訊的地點（舞臺）與時間，
寫下問話的腳本，接著決定演員，
然後挑選可達成目標的「道具」。

情境模擬是約談開始前最重要、也最常被忽略的一環。調查員之所以沒有先做情境模擬，理由不是太忙，就是覺得沒有必要。其實，只要事先準備好一張，適用於多數例行約談的核對清單，就能有效縮減約談準備時間。

我是最佳人選嗎？

調查員應該閱讀案件檔案、了解嫌犯，並問自己兩個問題：「假如我是嫌犯，我會希望由誰來跟我說話？為什麼？」以及「我是負責這次審訊的最佳人選嗎？」如果案件很重要，而你認為自己無法勝任，那就找一位更適合的人。你要誠實面對自己的能力。

一對一的效果最好

一對一談話，是最有可能取得嫌犯自白的方法。假如無法採取一對一談話，調查員也不能超過兩位。因為問話的人超過兩位，就會讓約談對象過度焦慮，雙方難以建立融洽關係。

假如有兩位調查員要一起對證人進行約談，就要事先決定由誰來主導這場約談；以免偵訊對象產生角色衝突的困擾。

輔助人員的角度

做筆記的工作可以全權交給輔助人員，讓主導的調查員更專注與被訊問者談話。另外，主導者採用的角度可能有疏漏之處，因此輔助人員可以用不同的角度觀察約談對象，找出被遺漏的敏感話題與言辭。再者，主導人撰寫約談報告時，輔助人員可以提供一些線索。

輔助人員可以在約談對象沒有注意到的情況下，透過傳遞強烈的非言語訊號鼓勵或譴責對方，測試他的誠實程度。輔助人員可以藉由點頭、偏著頭、開放姿勢、微笑等非言語線索，從誠實的約談對象身上獲得更多的細節資訊。相反的，說謊的約談對象面對同樣的非言語線索，提供的細節明顯減少。仔細觀察約談對象的反應，就可以找出誠實或說謊的跡象。

調查員年輕，對方容易反客為主

調查員的年紀也應列入考慮。年紀較大的調查員，可能會讓自幼遭父親拋棄的被訊問者感到有如面對父親般的權威。反之，假如調查員年紀小，會給人天真、沒經驗，且可操縱的印象。不過，年輕調查員也能假扮成學生或徒弟，對付自以為是老師或愛說教的被約談者。

特定情況下，得由女性約談

多數案例當中，性別通常不會影響約談的結果。不過，當女性人員約談男性嫌犯，可能會讓對方覺得有機可乘，但這必須視約談對象的個性而定。然而，女性人員約談對象是中東籍嫌犯時，將會遭遇較大的困境，因為多數中東男性認為女性不宜拋頭露面。但是，中東籍嫌犯可能會因為有機會跟女性對話而感到好奇，因為在他們的文化中，一般情況下無法與陌生女性交談。因此，女性調查員可以扮演媽媽、阿姨或姊妹的角色，因為中東籍嫌犯慣於與親近的女性家人對話，若女性調查員扮演這些角色，他們就能更自在的談話。假如他說自己不能跟女性說話，調查員可以反駁他：你平常不會和媽媽、老婆、女兒說話嗎？

你想要套出什麼？

約談前你應思考一下，這次任務想達到的成果——目標明確才能提高成功率。

1. 取得自白：如果此次偵訊的目標是讓對方招供，你必須先詳閱適用的法令規則，並牢記在法庭上要證明嫌犯有罪，需要哪些必要條件。若嫌犯招供的內容不足以證明其有罪，就會減少這份自白的法律效力。請記住，有些嫌犯不會完全招認、只會承認許多與案情無關的小細節，但調查員可以把這些拼湊起來，進而構成完整的自白。

2.套出線索：如果約談目標是取得可以用的線索，你必須先思考要單刀直入的問，還是誘哄約談對象來套出資訊。

3.培養線人：若約談目的是建立長期的消息來源，那關鍵就是替長期關係打好基礎。約談過程中緩慢而循序漸進的閒聊，較能建立持久的信任關係。

4.蒐集情報：如果約談目標是蒐集情報，那被訊問者透露的任何資訊都非常重要；因此調查員應該讓對方暢所欲言。**不必侷限於蒐集罪證，而是要擴大約談的範圍，**盡可能納入相關話題。

招供的重要性

在法庭審判時，提出犯人的自白，法官就更容易做出有罪判決。自白證據比目

（續下頁）

擊者指認與品格證人（譯按：替被告的品格和聲譽作證的證人）更有力。事實上，自白證據本來就不利於被告，所以即使根據邏輯與法律判斷這份自白很可疑，但多數人仍會部分採信。

偵訊就是場表演

任何在約談現場的人事物都是為了一個共同的目的：推動約談以達成目標。就像舞臺劇演出一樣，約談現場的演員（你）、服裝道具都舉足輕重。調查員則是這齣即將開演的舞臺劇導演。事前你必須計畫約談的地點（舞臺）與時間、編寫約談腳本、選擇演員並挑選可達成目標的道具。

編寫腳本很重要。優秀的調查員不但會擬定腳本，還會盡可能記下更多的案件相關資訊。語言能力是調查員最主要的工具。偉大的哲學家卡爾．維根斯坦（Karl Wittgenstein）曾說：「我所掌握的語言能力，決定了我能掌握的世界範圍。」因此調查員在進行約談之前，應通曉街頭黑話、技術名詞或當地的習俗。特別是偵辦電腦詐騙、白領犯罪與網路攻擊時，更要先搞懂「行話」。

任何舞臺表演要成功，就一定要經過多次排練，約談也一樣。你必須排練開場介紹、座位安排；以及其他意料之外的狀況，例如對方的朋友、律師或父母到場。請盡你所能的感受偵訊室內的氣氛，並預測約談的緊張程度。

想像一下你與約談對象互動的畫面，傾聽自己在腦海中施展約談策略的聲音。計畫越周延、排練越多次，成功率就越高。記住，沒有任何事物能保證約談成功，然而一旦缺乏計畫就會導致失敗。

角色扮演練習

調查員在驅車與嫌犯或證人見面之前，可先找另一位同事模擬約談情況，一人扮演調查員，另一人扮演被訊問者，接著兩個人再依照約談時可能出現的情境來互相質問。事前的角色扮演能幫助調查員做好心理準備。

臨機應變

不管你計畫得多周延、排練再多次，事情還是有可能出錯。如果預先準備的策略失敗了，調查員必須立刻改變話題的範圍與方向，以及約談技巧。調查員的方法若具有彈性，就有機會運用其他手法來達成目標。

早上問還是晚上問？哪種有效

什麼時段問話最理想？你必須先評估約談對象，以及約談話題的範圍與重要程度。若要漂亮的達成約談目標，應該在對方筋疲力盡，還是精神飽滿時約談最有效？

早上：多數人在早上都比較機警、靈敏，也比較留意細節。而且早上約談，也能讓調查員有充裕的時間深入探問。

下午：下午約談最能讓對方招供，因為人們在這時通常精神疲乏。不過下午約談對象可能要去學校接小孩；而大城市尖峰時刻的交通，也可能擠壓到約談時間。另外，如果約談是在對方的工作地點進行，可能會讓對方無法準時下班。

晚上：多數人在一天結束之際都身心俱疲。有鑑於約談目標與提問的性質，**晚上約談最好在對方家裡進行**，在對方住所約談有個好處：嫌犯少了同事或共謀者的保護，就有較大的機會配合警方。

在警局還是在嫌犯家中最有效？

約談地點也會傳遞訊息給訊問者，所以必須謹慎選擇問話環境。

警察局：這個環境帶有威嚇意味，而且是能讓調查員全盤掌控的地點。但有些需要避免威脅意味的約談，最好選在不那麼令人畏怯的場所，對方才會開誠布公。

對方的公司內：在對方的工作地點進行偵訊，會讓調查員陷入難以掌控全局的劣勢，但對方通常會比較自在。

另一方面，調查員進出辦公室時，被訊問者難免會成為公司同事的目光焦點；因此，如果你能審慎行動，對方就比較願意合作。

對方的家中：在自己家中會最有安全感，但調查員就變成客人，隨時都可能被請出去。

不過，在對方家裡約談有一個好處，就是嫌犯較願意允許調查員搜索他的電腦；而且調查員有機會觀察並評估這間屋子的內部，藉此推測對方的行為特徵與生活型態。

人們通常會用「身分主張」（identity claims，代表他們真正的人格與信念）來裝飾住家。海報、書籍、小擺設、宗教文物與室內裝潢，通常會透露被約談者的心理狀態。這棟房子是很整潔，還是一團亂？家裡井然有序的人，通常都比較有條理、意志堅決、有一張嚴密的行程表；**而家裡一團混亂的人**，通常比較猶豫不決、**對各種選項抱持開放態度**。調查員若能窺見對方的行為特徵，就能立即調整約談策略。

人們在職場與家裡的表現可能有差異，調查員應該將這些不同處記錄下來。同樣的，人們也會刻意布置招待客人的區域，表現出明確的形象。調查員應在布置過的區域中尋找證據，例如注意小擺設上有沒有灰塵，因為有條理的人替桌子清灰塵時，也會一併清理桌上的擺設；也可觀察房間角落是否乾淨，因為有條理的人會用吸塵器清理房間的每個角落。你得深入觀察這間房子，看看其他區域是不是和開放區域一樣整潔。

汽車內：車內不是理想的約談場所，因為雙方會並肩坐在前座，不然就是調查員必須回頭與後座的嫌犯談話。這種密閉的環境，大幅限制調查員能使用的技巧。但汽車倒是最適合聽取線人的報告，因為調查員與線人的關係通常較為友善，沒有敵對性。

餐廳：餐廳與其他公共場所屬於較中性的場所，調查員仍可掌控環境。當要進行多次約談時，餐廳都是第一次會面的最佳地點。若約談需要錄音，調查員必須事先於同時段造訪該餐廳、以了解情況。離峰時間的噪音倒無妨，但尖峰時間的噪音可能會降低錄音品質。

偵訊攝影，只能嫌犯入鏡

醒目的攝影機，可能會使被訊問者心生恐懼、不敢多話。不過，約談開始幾分鐘後，對方就會忘記它的存在。要注意的是，你在約談時使用攝影機的方式，必須遵守你所屬機關的政策。

如果要替約談過程錄影，那麼進行約談的人員只要一位即可，因為嫌犯所有供詞都會被錄下來，也就不需要多派一人做筆記。這也讓調查員能夠專心談話。

攝影機的角度也是考量重點。替約談過程錄影時，應該只有嫌犯入鏡。焦點只放在嫌犯身上，可避免調查員的行動影響到未來陪審團的判斷。**只錄約談對象腰部以上**、且調查員不入鏡的話，**比較不會給陪審團壓迫感**；攝影機若設置在調查員的背後上方、對著被訊問者，此種視角的影片會讓陪審團覺得壓迫感較高。請記住，不管最後攝影機錄到什麼，你都得全盤接收。

對方正看著你做筆記

調查員應盡量記住所有重要的事實，做筆記時不須把瑣事也寫進去，但寫筆記的頻率又不能太少，只有當對方說出歸罪陳述（按：導致被告人確定有罪的陳述）才寫筆記。

被訊問者通常會觀察調查員做筆記的動作，來了解警方究竟掌握多少實情。

黃色橫條紙是大忌

偵訊嫌犯時應避免使用黃色記事本，因為黃色令人聯想到律師與法庭，可能會造成反效果（按：因未漂白的原色紙張定價最便宜，美國執法人員常使用黃色便條紙）。如果有必要寫筆記，調查員應使用七．六乘以十二．七公分的記事卡片或一般的紙張。

尷尬？失望？請繼續練習

若想學會新技巧，你必須勤加練習。在這段過程中，有時候會覺得洩氣然後放棄，而尷尬、無法快速熟練新技巧，或是過於沮喪，都可能會成為放棄的原因。

而學習曲線（The Learning Curve）就是在描述人們如何學到新技巧。學習過程的第一步叫做「自由落體」（Free Fall）：人們還沒習慣使用新技巧，其效果就會不如預期，會因此感到尷尬或失望，然後放棄新技巧，再回頭用自己習慣的低效率方法。因此調查員必須撐過自由落體期間，達到技能專精。

讓對方替你做筆記

一直寫筆記可能會導致你無法成功與被訊問者建立關係。提供你一個替代方

（續下頁）

案：讓對方幫你做筆記。將筆記本交給被訊問者，請他確保上面的地址、地點拼音及其他資訊是正確的。

當約談結束，請被訊問者再確認一次紀錄是否正確，接著再請他寫下這次約談的結論，以免你誤解他剛才的陳述。最後，告訴他「為了避免事後這份紀錄遭竄改」，請他在每一頁的背面簽下全名、當天日期。

第 2 章

安排座位——方位與座向不可輕忽

嫌犯的下半身若被遮住，
你就錯失了觀察對方重要非言語行為的機會，
例如坐立不安、腳動來動去，
或是強調語氣的動作。

座位安排應視你約談的目標、對象，以及偵訊時的情況而定。細心安排座位能給予調查員心理優勢。最重要的是，無論條件多麼不利，調查員還是能主導問話的過程。

下半身動作是重要線索

安靜且不讓人分心的地點，就是最好的約談場地。偵訊過程應全程關閉手機（或禁止對方攜帶）。因為約談對象若是感到壓力，就會轉移注意力（例如拿手機傳簡訊），而不回答重要的問題。

桌子之類的障礙物，不能遮住約談對象的任何身體部位。若對方的下半身被遮住，你就喪失了觀察對方重要的非言語行為的機會，例如坐立不安、腳動來動去或腳的姿勢。如果現場布置使你無法看清楚對方的全身，你就要找出能看出對方最大肢體範圍的座向。

若是現場不允許你隨意挪動家具的話，你應該坐在桌角處，然後臉朝向被訊問者。這樣坐你能夠看清楚對方全身，而對方也沒辦法用桌子擋住視線。

椅子怎麼擺？有玄機

主要的座位安排有三種，一是讓約談對象的座位盡可能接近門口。因為越靠近門口就越不會有心理壓力。

二是將調查員的座位置於約談對象與門口之間，藉此暗示對方，他必須經過調查員的許可才能自由。第三種座位安排策略是，把對方的座位安排在角落靠牆處，這樣對方就座後，他的背後就只有牆壁。（藉此暗示他：「你逃不了。」）

走到門邊才會說實話

被訊問者準備離開偵訊室時，有時會坦承一些事情。門口在實質與心理層面上，都帶有「逃脫」的意義，因此**約談對象走近門口時**，常**會不由自主的向調查員吐露真相**。

座位最好正對她，但不要正對他

對方是男性：約談男性時，你的座向要斜對著他，因為彼此正對，感覺就像在對質，會阻礙雙方建立融洽關係。但如果非得面對面坐，那麼至少要斜著身體坐。約談過程中，調查員可視情況需要，慢慢將座椅移到正對面。

對方是女性：約談女性時，你的座位應該正對著她，因為女性對正面交談會比較自在，但通常可依照需求調整座椅。

決定椅子的布局

適合約談用的座椅有兩種：有輪子的、沒輪子的。依照你的座椅選擇，布局也分為好幾種。其中一種布局是：調查員坐有輪子的座椅，而被訊問者坐普通的椅子。附輪子的椅子能幫助調查員，利用縮短、拉開距離的動作，來向被訊問者傳遞無聲的訊息。

如果調查員想要施壓，就應該將椅子移到對方面前、靠近對方。因為對方的座椅沒輪子，他們就無法挪動椅子來保持自在的距離。如果調查員想要減緩緊張的氛圍，他可以把椅子從對方面前退開，再移到任何一側。

另一種布局是：調查員與對方的座椅，都是附有輪子的。調查員可以因應需求，移動座椅來彈性調整施壓程度；此外，當你（你們）問他敏感問題時，也能夠觀察對方的動作：對方若是對問題感到不安，通常會將椅子退後；若是感到焦慮，也會轉動椅子。為了正確評估椅子的移動，調查員應該在與對方建立融洽關係時，記錄對方移動椅子的基準，因為此時的提問較無威脅性。

怎麼坐，能使對方合作？

調查員可以將椅子挪到對方的任何一側，因為坐在對方旁邊，對方比較容易合作。人在伸出援手的時候，會站在、坐在協助對象的旁邊；老師在進行輔導的時候，會坐在學生旁邊；父母在指導小孩時會坐在他們旁邊；主管訓練新進員工，或協助資深員工時，也會坐在部屬旁邊。綜上所述經驗，調查員如果坐在對方旁邊，對方會更願意合作。

對方反抗或不合作，試試往前坐

調查員除了坐下後的動作，還能事先用座椅的擺放方式，鼓勵你贊成的行為，或譴責你不想看到的舉動。例如，當被約談者展現出極不配合警方的態度，你就可以把椅子挪近桌子，更靠近對方。這就是譴責對方的動作，因為被訊問者坐的是普通的椅子，他無法控制與你之間的距離。

若因被訊問者很配合約談，你想傳達正面鼓勵的訊息給他，你可以將自己座椅稍微拉遠，減緩緊張情緒。

對方拉開距離，代表什麼？

在另一種座椅布局下，調查員與被訊問者都坐在可移動座椅上。約談對象如果坐有輪子的座椅，調查員就能觀察他的動作。說謊的約談對象，會下意識的動來動去以緩和焦慮；同樣的，當調查員問對方指控性或敏感的問題時，說謊的約談對象，通常會將座椅遠離調查員以保持距離。

人們會遠離自己不喜歡的東西，並靠近他們喜愛的事物。誠實的約談對象，並不會將調查員的問題視為威脅，也就不會拉開距離。事實上，當調查員問及指控性或敏感問題時，誠實的約談對象甚至會靠近他。這種非言語的姿態代表真誠。

雙方都坐旋轉椅，有利讀取對方

為了盡可能取得更多非言語線索，兩方都應該坐有輪子的座椅，可以前後、左右旋轉。這種移動自由度讓調查員能觀察到細節，因為對方可以傾斜、旋轉或移動椅子，並同時回應問題與陳述。

如此一來，調查員不但有更多機會，讀到對方細微的非言語線索，他也有管道能向對方傳遞微妙訊息：稍微前後移動座椅，給予對方獎賞或斥責，卻不會損及融洽關係。

讓輔助人員坐在對方的視野邊緣

輔助人員的座位要斜對約談對象，且位於主導人的略微後方處，讓對方更願意與主導人建立融洽關係。若**輔助人員要做筆記，請將其座椅置於約談對象的視野邊緣**，這樣對方就比較難觀察做筆記的樣子。

父母或律師的座位要斜對約談對象，但要稍微更偏向對方的視野邊緣。第三者或許會挪動椅子，但這種座位安排還是能給他們一個訊息：對於約談，你不具有影響力。

第 3 章

用道具虛張聲勢，套出真話

證據越是有力——

不管是實際如此或只是對方主觀認定，

嫌犯越有可能坦白的供述。

運用道具，可讓他覺得你握有強力證據。

道具有強化調查員言語、非言語訊息的效果；不僅如此，還能加強嫌犯的有罪意識（guilty knowledge）。然而，並非所有約談都需要道具的輔助。道具是否能逼嫌犯自白，主要取決於嫌犯的認知。當然，證據越是強大、真實，嫌犯承認犯罪的機率就越高。調查員讓特定的道具出現在嫌犯眼前，能讓嫌犯猜想：「警方已經握有關鍵的證據了，我逃不了。」

因此，調查員最好在約談前計畫道具的用意，並且謹慎評估會給對象造成何種效果。每一種約談場景，都應針對約談目標特別設計道具；但是，也有通用於各種約談場景的道具。

道具只要運用得當，就能成為非常有效的約談工具；不過若是使用不慎，之後調查員再對被訊問者使用任何套話技巧，往往很難發揮效果。

證照與獎狀的效果：牆壁若是掛滿照片、獎狀與證照，將能增加調查員的可信度與權威。然而，展示證照、獎狀以及和名人的合照，有時也會給人自我中心與傲慢的印象。照片、獎狀與證照，皆應有利於特定的約談目標。

檔案的冊數：若調查員在偵訊室內的檔案櫃貼上約談對象的名字，或「在共謀者家中回收的證據」等字句，對方會以為調查員對案件內容瞭若指掌。

為了增加可信度，應在檔案櫃放一些真正的檔案。調查員可在適當時機說道：「我不太確定事實，要先參考一下檔案。」接著，調查員翻找檔案櫃，發現真正的檔案後把它抽出來尋找事實。取出檔案來參考的舉動，會讓對方以為櫃子塞滿了真正的檔案。

利用文件：你可以在筆記本裡夾幾份文件，標題寫「共謀者的供詞」或「共謀者的豁免同意書」，然後刻意露一點出來讓對方看見，大幅提高說服力。因為你一打開筆記本，嫌犯就能瞄到隱約可見的文件，就會以為調查員握有重要資訊。

如果約談對象拒絕坦白，調查員可以說，他的同謀已經跟調查方合作，因此調查員早已得知案件的全貌。對方疑神疑鬼加上罪惡感的心態，都能提高調查員的成功率。

一本檔案的暗示：調查員應該攜帶一本夾滿紙張的牛皮紙檔案夾，檔案標籤還要清楚寫上嫌犯的名字。這疊厚重的檔案是在暗示嫌犯：我已蒐集到大量資訊。罪行越嚴重，這本「假檔案」就要越厚；但若對方只是犯下輕罪，厚重的檔案反而會降低調查員的可信度。

監視攝影機：調查員可以替錄影帶、CD與其他數位媒體細上證物膠帶，寫上「案件發生當天，在犯罪現場或附近，被某公司的攝影機錄到的影像」。這捲錄影帶暗示了對方：攝影機已錄下你的罪行。若嫌犯要求觀看錄影帶，你可以說這捲錄影帶已交給實驗室處理。此時，嫌犯的反應會洩露其心態。這類道具對各種虛張聲勢來說都很管用。

調查員：「你覺得我會在影片中看到什麼？」

調查員：「假如你現在說謊，而影片卻出現你的身影，那情勢就完全改變了。難道你想賭自己沒被拍到？」

（此時，另一位調查員打斷約談，要求跟調查員說幾句話。）幾分鐘後，調查員拿著錄影帶回來，對嫌犯說：「在我放影片之前，你最好從實招來，否則你的下場會很慘。」

照片：犯罪現場或被害人的照片，通常能刺激嫌犯。有些嫌犯會直接認罪，有些會請你把照片拿開、再說出事實，因為他不願回想自己的駭人犯行。

調查員在嫌犯面前拿出一張兩人合照，並說明照片上的人是被害者的父母，然後問：「假如你現在可以跟他們說話，你想告訴他們什麼事？」透過此時嫌犯的回答，調查員幾乎能從嫌犯接下來的反應，觀察出他是有罪、還是冤枉的。

讓對方自己拼湊線索

調查員在傳遞訊息給嫌犯的時候，應該提出一點線索，然後讓對方自己拼湊線索。親自組合起來的訊息，是最有說服力的。

調查員最常犯的錯誤是，對嫌犯「喊出」訊息，因為他怕嫌犯聽不懂。但實際上，**嫌犯對於約談的所有細節都極度警覺**，包括調查員的言語與非言語行為。

嫌犯或許沒受過正式的教育，但為了在街頭討生存，他一定懂得察言觀色。

把他的同謀變成你的

故意讓被訊問者看到，案件的共謀者在他之前先進入另一間會議室。光是這樣安排，就可能讓被訊問者考慮與調查員合作，因為他心裡會想：「我的同夥已經與調查方合作了嗎？」無論是否為真，共謀者光是在場，就能讓調查員的各種虛張聲勢產生說服力。

電話：電話是非常強而有力的道具。故意請不在現場的另一位調查員打電話給你，這樣被訊問者就會以為調查方找到了新證據，或共謀者招供了。故意讓約談對象聽到這通神祕的電話，能刺激他供出事實。

唬人的簽名供詞：如果調查員分開審訊兩位共謀者，讓其中一位寫下「我把所有事情都跟調查員說了」並請他在旁邊簽名，再將這一紙陳述拿給另一位共謀者看。大多數情況下，被訊問者都會願意改採配合的態度，然後責罵他的共謀者背叛自己。

滴答鐘聲：約談期間有時會出現長時間的沉默，此時你可以用時鐘的滴答聲來填補。時鐘的聲音會增加緊張感，當嫌犯靜靜坐著思考該說什麼，滴答聲等於不斷提醒他：時間正在流逝。不過在偵訊室放功能正常的鐘不是好主意，因為這樣嫌犯就知道談話時間過了多久，也就可能因為時間限制或與人有約，而中止談話。

你該準備一個指針動不了、不停發出滴答聲的**故障時鐘，其效果更好**。如果找不到故障時鐘，就用手機模擬滴答聲的App取代。

第 4 章

線索，藏在細節裡

衣著是顯示社會地位的關鍵指標。

穿西裝打領帶的人，

心理狀態就不同於穿牛仔褲與T恤的人；

打腫臉充胖子的人往往穿著得體恰當，

卻忘了留意配件。

調查員跟監嫌犯或評估證人的時間可能已耗費好幾個月，也可能只有約談前的幾分鐘。跟監的重點包含他們的行為特質、習慣、穿著與配件。調查員若能找出特定的人格特質與異常，就可以安排正式的約談。

如果沒時間深入評估嫌犯或證人，那麼調查員應該利用約談前幾分鐘評估對方，或趁對方走進場地時仔細觀察。**被訊問者走進場所內的行為舉止**，透露出真正的情緒狀態。他們有沒有深呼吸、做好對質的心理準備？他們**是躊躇、緊張，還是自在、放鬆？**

多點魅力就少點罪

有張「娃娃臉」的人會給人溫暖、真誠、順從的印象，相對的也給人「能力不強」的感覺；而成熟穩重的人會給人善於領導、控制欲強、工作能力強的印象。

有魅力的人通常會具備更多積極特質，而且比較不會被陪審團定罪（有也多半是輕罪）。

社會地位指標

穿著：服裝是社會地位的關鍵指標。穿西裝、打領帶的人，心理狀態就不同於穿T恤搭配藍色牛仔褲的人。汽車車款、刺青、保險桿貼紙等，都是能充分透露社會地位、政治傾向的指標。

公事包：什麼事都須親力親為的基層員工，會攜帶又大、又笨重的公事包；而有權威的人通常會拿輕薄的公事包。

辦公室空間：地位較高的人，他的辦公室通常空間最大、視野最好。空間是權力與地位的象徵，只有地位高的人，才有資格浪費辦公室或住家的空間。

乾淨、井然有序的辦公室，表示使用這個空間的人很勤懇、友善。此外，辦公室的裝潢若是很有特色、擺出各種雜誌與CD（但數量不多），可判斷其主人個性心胸開闊。

辦公桌位置及擺法：辦公桌越靠近最高階主管辦公室，代表他的權力以及地位越高。

辦公桌斜跨辦公室空間、面對門口，或是將室內空間分割得不成比例，代表使用該空間的人為中、低階層；若辦公桌靠牆，則表示使用者處於中、高地位。而辦公桌如果能朝向窗外、背對門口，表示他的地位很高。

配件透露他的社會地位

人們若**想讓自己的地位高出實際**，會穿著體面的服裝，**卻經常沒顧到配件**。例如某人可能會穿著帶有權力味道的西裝與領帶，卻忘了擦鞋子，或是帶著一個破舊的皮夾。這種對於細節的忽視，或許代表這個人的社會地位是裝出來的。

洞察與評估

「洞察與評估技巧」能又快又有效率的蒐集大量資訊。調查員先從約談對象本身開始觀察，接著再處理下列幾個主題：人物、地點、裝備與金錢。

調查員先使用「由上而下／由外而內」的方法來描述對方，亦即從對方的頭髮一路往下看到腳，描述對方身上的疤痕、記號與刺青；接著再由外而內，描述對方的穿著風格，以及手錶、珠寶等配件。

這個評估技巧還能應用於物體，像是車或房子。當調查員問被約談者一個問題，對方回你過去他曾住在什麼地方，你就可以利用由上而下／由外而內的方法，取得被約談者住家的描述。

人們為了完成任務，都需要交通工具來從一個地點移動到另一個地點。調查員應該要求被訊問者描述這個工具。所謂工具，包含車子、武器或任何用以達成任務的裝備，調查員應問出，被約談者買這些工具的錢從哪來。

除了對工具的描述之外，調查員還得問被約談者從哪裡獲取這個工具。從以上幾個角度向對方提問，你就有足夠的資訊來評估被訊問者與案件的關聯，以及他是否誠實提供資訊。

每回被約談者在答話中提到某個人，或新提及的移動地點，調查員就要再以由上而下／由外而內的方法評估一次。

（洞察與評估技巧，最初是由喬治（George Akkelquest）發展出來，再經由本書作者稍作修改。）

居住空間：乾淨、井然有序的住家，代表住戶是勤懇、友善的人。相反的，若某人的房子很凌亂、衣物四處散落，就給人懶惰、行事不嚴謹的印象。另外，住家的裝潢若很有特色，並擺出各種書籍、雜誌與ＣＤ，會讓觀者覺得屋主心胸開闊。（作者注：這項分析原本是針對房間。然而，綜合我們對居住空間的觀察：人們是活在整間屋子，而非房間而已。）

姿勢：姿勢與步伐也會透露約談對象的心理狀態。被訊問者如果彎腰駝背而且步伐緩慢，代表他可能對許多事都沒興趣，所以話少。肩膀往後退、步伐快速，代表對方很有自信，而且樂於接受你的約談。

考量對方的年齡

小孩：調查員往往忽略了兒童證人，但小孩或許能提供重要資訊，尤其是對於家暴的調查。然而，小孩對周遭事物的觀察、判斷可能還不夠精確，因此，調查員約談孩童的時候要避免用引導式問題。

青少年：青少年可能表現得冷漠、無禮，甚至還會貶低調查員，因為他們認為自己見識過人、所向無敵。

年長者：老人的知覺與記憶可能會有錯，因此在約談初期就應該仔細審查，以確定其陳述的正確性。失智症與心理健康也要考量。你可以問幾個跟對方近期記憶有關的問題，就能謹慎判定其精神敏銳度。

文化與種族差異

被約談者的文化與種族特點，都是重要的考量因素。若調查員和被訊問者來自不同的文化背景，就有可能出現重大的溝通差異。調查員須先了解對方的種族風俗與文化傳統，才能夠判斷某個行為模式，在其文化背景下是否正常。

以下列舉幾個文化差異的例子。但調查員要記得，文化模式是一個籠統的概念，它會隨著時間改變，而且因人而異。

美國印地安人：美國印地安人相信，人類的行為舉止必須遵從自然，這樣才能領悟人生的真諦。人與自然之間的和諧，可透過由巫醫帶領的一系列宗教、傳統的儀式來達成。然而，每個印第安部落都有各自獨特的風俗信仰。因此，有些行為在某個部落是正確的，卻不被另一個部落接受。

印地安人通常用晝夜、四季、部落活動與宗教儀式來衡量時間。了解特殊的部落儀式或宗教活動，就更容易鎖定罪案發生的可能時間範圍，或者更了解被害人、證人或嫌犯的心理狀態。

非我族類，讀心更準

就算你談話的對象與你來自不同文化背景，人們說謊時，出現的舉動都很類似。事實上，對方的**文化背景若與自己不同，反而更能判斷他是否誠實**。

阿拉伯人與穆斯林：阿拉伯人喜歡在約談剛開始的時候，聊自己與家人的健康狀況，此時調查員可以投其所好、問候對方的家人，但千萬不要主動問妻子的事情，因為阿拉伯男性通常會保護家眷，不讓她們被外人侵擾。

約談阿拉伯人除了會遇到明顯的語言問題，還要考量文化因素。一開始你可以問對方在自己的生長國與此地文化差異，誘導對方討論他的出身、談他怎麼移民到美國，也可以先聊運動——尤其是足球。記得問話過程中，態度要保持謙恭有禮，因為許多阿拉伯人都來自專制的國家，會把美國的執法人員，當成自己家鄉的鎮暴警察。

阿拉伯人不太會透露其真正的感受，但會嚴格要求自己行為符合社會的期待。在阿拉伯文化中，光是露出鞋底給別人看到，就等於侮辱了對方。

阿拉伯人大都借助視覺與畫面來思考事情。因此調查員在對阿拉伯人描述某種概念時，最好用圖畫影像呈現。記得別問他們類似「請跟我描述那個人的外貌」之類的問題，而是用更明確的問題詢問：「那個人的眼睛是什麼顏色？」、「他有留鬍子嗎？」、「他的鬍子是什麼顏色？」

聯想思考

阿拉伯人傾向於聯想思考（associative thinking），他們說話會繞著特定主題打轉，通常要繞一大圈才會真正回答問題。相反的，西方人通常都能依照時間先後順序，說出事實。

調查員若能將對方的聯想思考，轉換為依照時間順序的思考，就能找出情報的缺漏之處，而且對方也能用自己習慣的方式來回答。

進行轉換的方法，是讓對方把一整段話題說完，再把這個話題排列於時間軸

（續下頁）

上；將幾個話題排列好之後，就能找出時間順序上的資訊空白。最後，調查員只要問幾個特定的問題，即可將時間軸的空白補起來。

毒品依賴者

毒品依賴者的忠誠度，通常與他們的成癮程度有關。一般來說，毒蟲只忠於自己的嗜好，還有提供毒品給他們的藥頭。毒蟲最擔心的，是與警方合作之後失去毒品管道。

人格異常與心理病態

一個人的人格特質多半是天生的、不太會變。而人格異常是指，人格特質變動到損害個人與社會的程度。因此調查員不能僅憑單一人格特質來判斷，而要從多種行為特徵來界定行為基準。

自戀狂：自戀的人渴望受人崇拜，覺得自己與眾不同、遠勝他人，而且自認應享有最高的禮遇。自戀者會表現出傲慢自大的態度；他們鮮少關心別人，並經常占別人便宜。**他們只跟能提高他們自尊的人，建立個人關係**；自戀狂自以為能掌握任何狀況，因此比較不願意尋求法律協助。

調查員應避免批評自戀的人，因為他們對於有損自尊心的言行極度敏感。自戀的人會逐漸領悟現實狀況，尤其當把鐵證如山的事實和檔案（上頭寫滿能證明他有罪的資訊）都攤出來。

調查員應該利用自戀者特有的權利概念，跟對方說：「正因為你天賦異稟，才能犯下這種罪行，而且大家都會認清這個事實。」

思覺失調症：患有思覺失調症（Schizophrenia）的人常無家可歸、在街頭遊蕩；由於他們的思考失序，而且證詞容易受起疑，因此不是理想的證人人選。如果嫌犯患有思覺失調症，他們通常會暢所欲言，而且無法分辨幻想與現實。

調查員絕對不能拿誘導性問題，來問思覺失調症患者。不過，思覺失調症患者也會提供一些細節訊息——只有罪犯本人才可能知道；只是他們也會夾雜一些幻想與杜撰，所以調查員在約談思覺失調症患者時，務必要有耐心。

反社會人格、心理病態：被診斷出有反社會人格障礙的人，就占了全美國人口的四％，而被診斷為心理病態者的人占總人口一％，反社會人格者占最高戒備監獄人口的二五％（作者注：根據一九九三年海爾〔Hare〕的研究）。心理病態者擅長操縱人心，說謊技巧高明，還能用敏銳的眼光判讀、評估其他人；他們會尾隨別人犯案，只在乎計畫有沒有成功；他們缺乏倫理道德概念，而且**除非想證明自己心智正常，否則他們絕對不會說實話**；他們會承認說過對自己有利的謊話，但又努力爭取說謊對象的好感。

約談期間，心理病態者與反社會人格障礙患者看起來會很自信、放鬆，而且還會操縱、甚至挑戰調查員。心理病態者會耗費調查員的時間與腦力，進而主導整場約談；他們會反過來質問調查員，或說出一些有利自己的陳述，還會講無關緊要的事、不正面回答問題。

調查員約談心理病態者時，應該讓對方把注意力放在問題上。假如對方想轉移話題，調查員就回他：「嗯，很有趣。」然後重述一次問題。假如心理病態者不願正面回答問題，調查員應該中止談話。

心理病態者幾乎不可能招供。因此最有效的偵訊法，是把他逼入問題的絕境，再給他幾個選項。當他們發現無處可逃時，就會選擇對自己最有利的選項。

要拆穿愛現的人，由女性約談

表演欲強的人：女生的表演欲普遍比男生強烈。表演欲強的人，有衝動、成為目光焦點的特質，甚至會因為自己不是觀眾目光的焦點，而感到沮喪。表演欲強的人常穿挑逗的衣服，而且會嘗試跟調查員調情、觸摸調查員，甚至傳遞性暗示。

表演欲強的人多數喜歡說話，但你要時時提醒他不要離題。他們可能會假裝要自殺、自殘，而且常哭鬧。你必須忽視這些情緒表現，因為對他們而言，情緒是操縱人心的手段。

約談表演欲強的人時，**應由兩人偵訊之，且其中一位最好是女性**。這類人較難玩弄女性，因為多數女性都能看穿賣弄風騷的行為。

妄想症患者：患有妄想症（paranoid，按：又譯為偏執）的人對誰都不相信，又非常自負。他們會不斷質疑其他人的動機，即使毫無根據也一樣。妄想症患者通常都不開心、愛起爭議，而且滿腔怨恨；明明沒有威脅，他們卻覺得有所感受。

調查員在偵訊妄想症患者時，應該完全說實話。如果他質疑調查員的動機，調查員應請

圖表4-1　常見的人格障礙類型

人格	特徵	調查員的策略
自戀狂	・擺出施恩於人的態度。 ・經常占別人便宜。	・利用自戀狂特有的權利概念。
思覺失調症	・思考失序，使得證詞不容易被採信。	・務必要有耐心。
反社會人格與精神病態	・毫無倫理道德概念。 ・不會說實話。 ・承認說過對自己有利的謊話。 ・操縱、宰制調查員。	・把他「逼到牆角」，再給出幾個選項。
表演欲強的人	・只要沒被當成目光焦點，就會沮喪。 ・與調查員調情，或亂摸對方。 ・假裝要自殺、自殘。	・應由2人偵訊之，且其中一位最好是女性。
妄想症患者	・他們的懷疑，不一定有根據。 ・通常都不開心、愛起爭議，而且滿腔怨恨。	・應避免與妄想症患者爭論，專注於問題上。 ・須篩選出必要事實。

他舉出具體的例子，來證實其懷疑；而且調查員應避免與妄想症患者爭論，專注於問題上，防止對方拚命抱怨自己受到傷害。妄想症患者通常會提供太多資訊，因此調查員必須篩選出必要事實。

第 二 部

這樣坐、這麼問，建立主導地位

第 5 章

建立主導地位，不論在哪

偵訊時，調查員應扮演「家長」的角色，
使對方落入「晚輩」的地位。
調查員與被訊問者的地位不應平等，
才能掌握主導權與獎懲權。

除非遇到特殊情況，否則調查員在約談中要掌握主導權——即使是身處於嫌犯（或證人）的住家或辦公室，在必要時甚至可動用侵犯對方隱私空間的主導技巧，不過，你得做好引起對方反彈的心理準備。

一、當處於主控的談話環境時

主導時間：當嫌犯抵達調查員的辦公室，最好讓對方等上十五到二十分鐘再約談，尤其是嫌犯有律師陪同的情形下。如果強迫某人等待你，就等於要他服從。因此，如果想強力宣示自己的主導權，最好讓嫌犯與他的律師等待約十五到二十分鐘的時間。

主導空間：調查員應伸出手臂示意被訊問者到預定的座位坐下，並說：「請坐。」如果律師在場，調查員接著也要用同樣的姿勢與口頭命令，引導他坐到指定座位。

如果律師與第三方人士抗議，調查員可以堅持己見；也**可以默許他，但必須說：**「那是你的座位，請坐。」這句話表示，律師與第三者如果要坐特定位置就得經過調查員同意。這樣一來，調查員既能避免直接對質，又能取得主導權。

先占地盤的人先贏

為了確保被訊問者和他的律師坐在你安排好的位置上，你可以先在其他座位上放筆記本或其他個人物品，因為人們很少會挑戰已有人占領的地盤。就算對方真的坐到你保留的位置，你可以告訴對方另一張椅子比較舒服，請對方接受你的善意。

最後才坐下：最後才坐下的人能夠建立主導權，因此請讓約談對象與其律師先坐下。調查員永遠都要到最後才坐下（唯一的例外是在軍中，指揮官要先坐下才輪到部屬）。

送飲料點心：調查員應提供茶點給在場人士。若對方接受茶點，主導人員就可以指示其他調查員拿茶點進來，藉此強化自己的主導權。

互惠原則：人們若是得到禮物或幫助，通常都會回禮。若調查員請被訊問者喝飲料，對方通常會透露一些訊息作為回報。

邊吃邊聊，更暢所欲言：七〇％的資訊交換是邊吃邊談的。提供食物與飲料給約談對象，他會比較多話。不管哪個國家的人，跟別人一起吃喝都會更暢所欲言。

對方賦予杯子的意義

提供茶點給約談對象有兩種用意：一是建立融洽關係，二是測試對方是否領情。若對方喝了飲料後，將杯子放在調查員面前，表示兩人的關係仍然緊繃，因為杯子具有防護牆的意義。反之，若對方喝了飲料後，沒有將杯子放在兩人之間，就表示兩人已建立了友好關係。

主導約談流程：設定約談流程、和介紹談話主題的人，不是被訊問者、也不是其律師，而是調查員。如果第三方人士提出約談流程，調查員應快速看過他的提案，然後說：「感謝你的建議。等我談完我提出的主題後，再談你有疑慮的地方。」

掌握審問進度與節奏：上廁所、抽菸、吃茶點的休息時間應由調查員決定，別等到被約談者或他的律師開口要求。

想休息？我說了算

若約談對象或其律師要求休息，調查員可以說：「等我講完這個話題，就讓你們休息。」然後至少要講個五分鐘，再示意對方休息。

另一種方法，是要求被訊問者必須答完幾個問題，才可以休息；而這些問題必須是被訊問者不情願回答的，因為當對方知道等一下就可以休息後，會較情願回答困難的問題，或透露一點線索。

選擇比較高的椅子：調查員的椅子應該要讓自己坐下時比對方高一些。只要有機會，請盡可能利用高度優勢。

調查員在心理上應扮演「家長」的角色，使對方落入「晚輩」的地位。平常，只有地位相等的人才會進行對話，而調查員與被訊問者的地位並非平等，你必須隨時扮演家長的角色、掌握主導權。

二、當處於被動的談話環境時

主導權大都透過控制空間來建立。不過，假如約談地點是在被約談者的辦公室——超出調查員掌控的環境，以下技巧能幫你建立主導權：

步伐不疾不徐：走進對方的辦公室時，步伐要不慌不忙，展現我是主人的從容自信，微笑並維持愉快的態度。快步走進辦公室會洩露自己的焦慮，反而容易被對方看扁。

你有多靠近辦公桌：一間辦公室可分成兩個區域——私人與公共區域。辦公桌與其周圍區域屬於私人空間，其他桌椅與沙發則為公共空間。此外，訪客的地位越高，座位就離辦公桌越近。

身分高低，迎接地點大不同

地位較低的訪客通常在門口附近就會被擋住。地位較高的訪客，不須對方允許即可走進辦公室。如果是好友來訪，辦公室的主人會在門口迎接他，並讓他坐在離辦公桌最近的位置。

挑選椅子：你要避免選到高度比對方還低的椅子或沙發上，因為高度象徵地位。附有坐墊的家具通常看起來很堅固，但調查員一坐，全身就會陷下去，代表把自己困在劣勢中。請挑選離對方辦公桌最近、最堅固的椅子就座。

主動改變家具的位置：對調查員來說，理想的位置是，坐下後沒有任何障礙物（例如桌子）會擋住被約談者全身的視角。在不受控制的約談環境下，被訊問者通常坐在辦公桌後方，而調查員坐在辦公桌前方。坐在辦公桌後方的人握有掌控權，而且辦公桌也有屏障的作用，將「入侵者」阻隔在外。

有一種技巧能夠克服這種屏障。若情況允許，調查員可以主動將座椅從辦公桌前方，移到其中一側。因為移動家具可達到兩個目的：一是在訊問者的辦公空間建立主導權；二是調查員觀察對方時，不會被障礙物擋到。因為非言語行為大都來自下半身，不是只出現在手和臉部而已。

移動別人的家具是一種挑釁行為

調查員移動家具時務必謹慎，因為**在別人的辦公室或家裡移動家具**，會**散發出強烈的支配訊息**，引起對方的負面感受。因此你得練就不著痕跡的挪一下位置，既可達到同等效果，又能展現你應有的權威。

最後才入座：調查員必須**等到其他人都入座後才可以坐下**。如果對方先邀請你就坐，可一邊評論現場的照片或飾品，一邊朝那件物體移動。此外，調查員也可以假裝自己背痛，然後伸個懶腰放鬆背部肌肉。但應該等被訊問者坐下時，再做這些動作。

領域象徵一種支配：占據空間就能建立主導地位。調查員坐下之後，應該伸展四肢往後仰，把手臂放在椅背，手肘要往外伸展、支配椅子周圍的空間。此外，放置公事包，也能達到相同目的。

地位較高的人士坐著的時候，會將雙手十指交錯擺在頭後面，宣示自己的主導權。因此調查員也可以展現類似的姿勢，來強化主導地位。

有禮貌的挑釁舉動：我們在拜訪別人辦公室時，通常不會去碰個人物品。但在約談過程中，調查員侵犯個人空間的行為可強化主導權。比如走向照片或飾品，把它拿起來讚美幾句，藉此「發動攻勢」。

最好的下手目標就是全家福照片，調查員可以拿起照片，說：「您真有福氣，有個快樂美滿的家庭。」或是：「您擺出這個飾品，令我由衷佩服您的品味。」這種拍馬屁的話很難讓被約談者抓到語病，因為若質疑調查員的評論，就等於貶低了家人或自己的興趣。

約談對象：「請坐。」

調查員：「謝謝。」（走向立著裱框全家福照片的桌子）

調查員：「請問這是你的家人嗎？」（拿起這張照片）

約談對象：「是……是啊。」

調查員（面露微笑）：「你的家人都很可愛（把照片放在與原本略微不同的位置），你一定很以他們為榮吧？」

奪取空間

在約談開始前，調查員可以在桌面上放置筆記本或公事包。這個動作，等於宰制了被約談者的個人空間。

我很忙，就是要你等

等人也是一種過招：若被訊問者強迫調查員等待超過十五分鐘，那麼調查員就必須重新掌控對方的時間。比方說，當被訊問者或他的祕書前來迎接時，你可以禮貌的說：「我現在有一通電話一定要回。」然後真的撥打電話、強迫他們等你，這樣就能重建主導權了。

裝忙：若約談對象可能會讓你等待超過十五分鐘，你可以打開筆記本處理一些工作，等到對方（或祕書）前來迎接時，你可以禮貌的說：「我一定要處理完手上的工作。」強迫對方等待。

最後，離開約談對象的辦公室時，千萬不能倒退著走，而是先轉身再離去。因為只要**後退一步，就代表自己屈服**了，所以務必要養成不後退的習慣。

第 6 章

表達友善，你會事半功倍

雙手雙腿不交叉、
手心向上、身體略微前傾，
能傳達親切、信賴以及友善的訊息。
關係的建立要在約談的最初幾分鐘就開始，
你越能快速判斷嫌犯或證人的心理狀態，
對方吐實的機會就越大。

融洽的關係能建立信任，同時拉近約談雙方間的心理距離。一般人在被討厭的人問話時，是不太可能主動透露祕密的。

關係的建立從約談開頭幾分鐘就開始。你得先觀察約談對象，評估其神態與精神狀態，像是服裝、珠寶、刺青與汽車等私人物品，都是透露其社會地位與政治意識型態的指標。你越快評估完對象，對方吐實的機會就越大。

有魚尾紋的微笑最真誠

笑容：微笑能展現自信、快樂和熱情，最重要的是，它代表你接受對方。微笑也會讓調查員心情變好，替自己的約談表現加分。

微笑是最常見、也是最容易辨識的表情。誠摯的微笑能表現出真誠的情感；假笑看似愉快，內心其實不然。誠摯的微笑會讓臉頰上揚，在眼底形成鬆弛的皮膚，眼角也會出現魚尾紋，有些人發自內心的笑時，鼻子還會下傾一點。

假笑比誠摯的微笑更不對稱，而且沒有投入眼神。假笑很快就會消失，而且看起來很不得體。要注意的是，一個人在假笑的時候，通常還會出現其他虛假的非言語姿勢，只要觀察到，就能看穿他在騙人。

我的微笑只為你

和他人第一次見面時不要馬上微笑。先看著對方的臉約一秒的時間，再露出大大的微笑。這種暫停是在告訴對方，你的微笑不是平常面對陌生人時的制式笑容。

揚眉：當兩人眼神相對時，眉毛會稍微揚起再落下。這個動作代表自己認同對方，而且交情不錯。若情境許可，調查員應該多發自真心的向被約談者挑眉。

偏著頭：頭如果稍微偏向一側代表你認同對方。因為露出脖子的舉止，表示自己感到很自在。

名字與正式頭銜：稱呼對方的正式頭銜——例如「醫師」、「教授」、「先生」、「夫人」、「小姐」，是為了向對方表達尊重、拉近關係。但若是調查員想在約談初期宣示主導地位，就**省略對方的正式頭銜，藉此貶低他**。所以，你要直接叫對方的名字還是正式頭銜，應視約談目標來決定。

你點頭，對方就會說更多

點頭：交談中向對方點頭，代表你認同他且正在專心聆聽，這樣他就會講更多。**交談中頻繁點頭，可讓對方透露的訊息增加**三到四倍。

口頭鼓勵：你該利用一些簡單的詞語，如「嗯」、「是」、「我懂了」、「請繼續說」，讓對方知道你很認真聽他說話，以此鼓勵對方繼續說。

最怕多說多錯

誠實的約談對象提供的新資訊會比說謊者更多。說謊者不願提供額外細節，因為他們害怕透露的資訊會揭穿自己的謊言。

反映對方的感受：反映對方感受的技巧中，最有效的就是移情陳述（empathic statements，詳見第二四九頁），它對於建立融洽關係很有幫助。調查員應仔細聆聽對方的說詞，掌握重點，然後再用同樣的語言，將同樣的訊息反映給對方。

這種移情陳述會讓對方覺得：調查員懂我的想法還有感受。移情陳述最常見的架構是，以「聽起來你」開頭：

被約談者：「我今天過得很不順，事情一直出錯，現在又被你約談。我不敢相信自己竟然遇到這種鳥事！我的生活已經夠煩了，還得忍受這種尷尬丟人的場面！」

調查員：「聽起來你今天真的很倒楣。」

被約談者：「是啊，今天真的很不順，因為一時之間發生了好多事情。」

調查員：「你覺得有點吃不消？」

被約談者：「對啊！」

融洽關係就像支票帳戶

融洽關係就像支票帳戶。帳戶裡要有錢，你才能寫支票購物；同理，**你跟對方打好關係，才能問他比較敏感的問題**，而不會激怒他。

調查員若沒有事先打好關係，就問對方敏感問題，雙方之間的關係就會惡化。因此要問敏感問題之前，調查員應先確定是否已打好關係。

握手：握手是第一印象形成的重要環節之一。握手的方式不對，就會讓對方不愉快。握手是由力道、持續時間、出手的方式、眼神接觸與身體位置構成的。根據各項**研究顯示，一個人的握手方式並不會隨時間改變**。

力道：堅定的握手帶有支配與挑釁的意味。通常性格外向的人握手，會比內向的人還用力。女性握手用力，代表她勇於接受新體驗。此外，軟弱的握手帶有害羞、神經質的感覺。一般來說，握手越堅定，就越能宣示主導權。朋友握手時，彼此的力道是一致的；而主管跟部屬握手時會比平常用力。

如果某人跟你握手時帶有挑釁意味，而你想反制他，你可以張開手掌，將虎口往對方的虎口裡塞。你會發現，對方的手無法太用力。

持續時間：握手的持續時間傳達出很強烈的訊息。一般來說，握手會持續三到五秒。因此，若只匆匆握個一、兩秒，表示沒什麼熱情；如果握超過五秒，就是在宣示主導權。綜上所述，調查員握手握太久的話，被約談者會覺得被困住了。

出手的方式：這會反映一個人的傾向。喜歡權力的人握手時會僵直手臂，將手掌朝下。這一招迫使另一個人必須將手掌朝上，而手掌朝上帶有服從的意味。因此調查員若想釋出善意，握手時可以將手掌朝上。

那麼當對方帶有示威意味的、「手掌朝下」與你握手呢？此時你可以握住對方的手，左腳往前踏，然後右腳稍微轉向旁邊，讓自己側身進入對方的私密空間。接著你可以將對方的手轉成垂直，你的手再上下晃動個五到七下。一旦你進入對方的私密空間，就能迫使他採取守勢，反制他的示威舉動。

眼神接觸：握手時，通常會有短暫的眼神接觸。想示威的人會拉長眼神接觸的時間，而屈服的人則很快就別開眼神，然後將視線向下。

身體位置：想要宣示優勢地位的人，握手時會侵犯對方的私密空間。就多數美國人而言，**私密空間**約為身體周圍四十一到四十六公分。私密空間的尺寸會**隨著地域、族群與性別而有所差異**，因此調查員應該事先了解各文化的私密空間尺寸，以免不小心挑起負面情緒。

堅定而自信的握手：調查員應露出微笑，比平常握手時握得久一些、稍稍用力一點。身體稍微往前傾，讓眼神接觸的時間比平常多個兩、三秒，再慢慢把視線移到左側或右側，但注意視線別朝下。

記得，多看對方一眼

提高眼神接觸的頻率，有利於建立關係。若你想跟說話者增進關係，握手或寒暄之後不要立刻別開眼神，而是慢慢把視線移到左側或右側。

男人在問候另一位男性時，會稍微縮短凝視對方的時間，以免造成不必要的誤會。只要多加練習，你就能輕鬆掌握凝視女性、與直視男性的時間差異。

首因效應很難克服

首因效應（Primacy Effect）無法改變現實，但它會改變人們對現實的觀感。我們常說的「第一印象」就是一種首因效應。人們與別人初次見面十秒內，就會產生第一印象。**對方光是講一個字，就能決定你喜不喜歡他**。如果朋友告訴你：「別相信你待會見面的人。」那你就會這麼看待等一下見面的那個人。

雖然說首因效應很難克服，但並非不可能克服。如果你和「不能相信」的人相處幾次下來，都沒找到能證實這一點的特徵，那你的負面成見就會消除了。然而，負面成見的麻煩之處在於，你不太可能會想見這個人第二次。

相反的，在與某個人見面之前，假如你朋友說這個人很友善，那你就會認為他很友善。但與這個人見過幾次面後，覺得他並不如你朋友形容的，你反而會替對方找藉口，例如「他今天一定過得很不順」、「一定是我打擾到他了」、「每個人都有不開心的時候」。一個不友善的人，如果一開始被人認為很友善，那其他人會給他好幾次展現友善的機會——儘管他做出許多不友善的行為。

所以約談前請先想清楚，當你第一次見到證人或嫌犯時，該跟他說什麼；還有在你開口前，你希望自己給他們什麼印象？

你可以指示同事先與被訊問者單獨見面，假裝自己要去接一通緊急電話。你的同事開場就跟對方閒聊並提到，自己很喜歡和不在場的你共事，因為謊言再怎麼精密都騙不了你。

接著你的同事繼續閒聊，直到你走進約談場所為止。如此一來，被約談者就會先入為主的、用這種眼光解讀主導人員的言行，而且會不太敢說謊。

首因效應是很有力的心理手法，改變約談對象對現實的觀感。此外首因效應也可以透過「聚光燈效應」（spotlight effect，詳見第八章）來強化。首因效應只要運用得當，就能設定約談對象對於調查員的觀感。

關鍵第三者的影響力：第三者的言論，會對被訊問者造成莫大的影響力。當警員需要將線民轉交給另一位警員時，也能利用首因效應來建立新的融洽關係，讓這段過渡期變得輕鬆一些。

現任的負責人可以與線民單獨會面，告訴他這件案子將交給別人負責；並且告訴他：「××（新的負責人）很友善，他處理事務的方式也照舊；而且他值得信任、態度開明，還能確保線民安全。」等到下次會面，接手負責人就要與原負責人一同現身。

就這樣，線民對於原負責人的信任，就能順利轉移到新負責人身上。之後負責人必須與線民、新負責人再安排幾次會面，漸漸的排除線民的心理障礙，順利完成責任交接。

自我介紹：自我介紹並不會產生首因效應，但調查員在約談一開始，可以使用正面、振奮的語言，創造正面的環境。

調查員：「我上週末去釣魚，湖水很清澈，那天天氣也很好。等待魚上鉤的那段時間，我就坐在船上欣賞美麗的風景。總之上週末我過得很寧靜。好吧，我之所以要找你談談，是因為……。」

表達友善的坐姿：不翹腳、雙臂不交叉、手掌朝上，然後稍微傾身靠近對方，就能傳達溫暖、信任與友善的感受。女性比起男性更適合約談男生，因為**女性能透過開放姿勢**、**往前靠近**、**維持眼神接觸**，以及投入對話**來吸引男生**，即便兩人的信念與態度並不同。但男性約談男性就不是這樣了；此時調查員雖然也要維持開放姿勢，但在表達與對方相左的信念與態度時，務必要審慎。

當對方情緒崩潰……

調查員與嫌犯或不情願的證人對質時，對方會出現戰鬥或逃跑（fight or flight）的反應，此種反應可能是起因於現實、或者想像的壓力來源。這種反應一出現，大腦就會傳遞訊號讓身體做好求生的準備。

「身體因戰鬥或逃跑反應而動作」，專門研究大腦的心理學家高爾曼（Daniel Goleman）稱之為情緒崩潰（Emotional Flooding）或「劫持大腦」（hijacking of the brain）。大腦在戰鬥或逃跑時，會將外在刺激因素直接導入邊緣系統，而沒有經過掌管推理的部位（按：亦當壓力累積到一定程度，其行為言語不會經過理性判斷）。

這時候調查員不要問他需要專心思考才能回答的問題。大約二十分鐘過後，大腦就會恢復正常功能，調查員就該趁機建立融洽關係。

拿出證據

人被逮捕的時候，通常都會處在戰鬥或逃跑反應中，進而觸發情緒崩潰。情緒崩潰會讓被逮的人無法清楚思考，所以當被訊問者處於情緒崩潰，調查員不能拿出重要證據給他看，因為對方此時無法處理資訊。你可以把他帶到沒有威脅性的場所，等待大約二十分鐘，同時建立融洽關係。比如用警車將嫌犯押送至警局的途中，就很適合建立關係。

建立融洽關係的時候，你不必向嫌犯宣讀米蘭達警語（**詳見第七章**），除非你直接問他關於罪案的資訊。調查員可選擇各種言語與非言語的互動技巧，來建立融洽關係，結合這些技巧，有助於營造一種無威脅性的環境假象。

約談暴力犯罪的被害人

被害人若是遭到創傷性的個人犯罪所害（例如強姦、武裝搶劫或身體傷害），通常都會出現戰鬥或逃跑的反應。調查員應該用約談開頭十到二十分鐘，來建立融洽關係，等待該反應平息。這個過程使被害人可以更清楚的思考並提供更多罪案細節、清楚的嫌犯描述。

尋求彼此的共同點

找到雙方的共同點就能快速建立融洽關係。亞里斯多德（Aristotle）曾寫道：「我們喜歡跟自己很像的人、有相近目標的人……也渴望與喜歡相同事物的人在一起。」此外，人們與陌生人交談時，常會假設對方的信念和態度與自己相同，這樣才更容易打好關係。

服裝、刺青、辦公室用品、家裡的小飾品、甚至保險桿貼紙，都可能成為交談時的共同話題。此外，說出自己喜歡哪一支足球隊、過去服兵役的軍種，或自己是哪個組織的會員，也能成為共同話題。具體而言，調查員可從以下三種方法找出共同點：

一、同時期的經驗：你可以聊聊共同的經驗、興趣、嗜好、工作或其他共同話題，幫助自己建立融洽關係。

調查員：「真是太巧了，我最近也開始蒐集×××（約談對象提到的東西），你有什麼收藏嗎？」

二、相同背景：例如畢業於同一間學校、當同一種兵，或是住在同一個地區，都有助於建立融洽關係。

1.調查員：「我當兵已經是一九七〇年代中期的事了，跟你當兵時，應該差很多吧？」

2.調查員：「我在你住的地方念過大學，不過那已經是二十年前的事，那裡現在變成怎麼樣？」

三、設身處地：約談過程中，當你可以對被訊問者的生活態度、參與的活動感同身受，但沒有實際經歷這樣的生活類型、類似活動，我們將這樣的情緒體驗稱為替代經驗（vicarious experience）。若調查員發現，自己與被約談者並沒有什麼共同點，就可以利用替代經驗來拉近關係。

比如，當約談對象興致勃勃的談論某個話題，你可以表示自己也很有興趣，藉此培養融洽關係——即使你其實沒興趣，或根本不懂這個話題也一樣。

調查員：「我一直很想在後院弄一個玫瑰花園，但我的花都種不起來。你的玫瑰都種得好漂亮，可以教我一點祕訣嗎？」

模仿對方的姿勢

關係融洽的兩個人會模仿彼此姿勢。若約談對象交叉雙臂或雙腳，調查員也該有樣學樣；若約談對象往前靠或往後退，調查員也該稍微前靠或後退。

問話的人動作不可以太多

如果一位調查員的手勢太多，被訊問者會在不知不覺間複製調查員的手勢。結果，調查員就因為被訊問者姿勢變化大，而判斷其說謊的可能。為了避免這種誤會，調查員除了觀察、推斷被訊問者的行為動作，更要對自己的行為舉止有意識。

交叉配合

交叉配合（Cross Matching）指的是模仿約談對象的肢體動作，但姿勢不一定要照做。如果對方呼吸急促、移動手臂或踏腳，調查員可以移動雙手；如果對方有較大的動作或改變姿勢，調查員可以移動頭部，藉此達到類似模仿的效果。

模仿語言

調查員應使用被訊問者描述事物的措辭。人們是藉由聽、看、觸摸、聞、味覺來審核資訊。被訊問者說話時，你應專心觀察，他習慣用五感中的哪一器官來處理外界訊息？之後你便可以用被訊問者習慣的感官，來與他溝通。這麼做有兩個好處：一是建立和睦的關係，二是鼓勵他們吐露心聲。

確定對方的用字遣詞

聽覺：以聽覺為主要語言媒介的約談對象，會有類似「我有聽到你在講什麼」、「聽起來你是想告訴我……」、「我不太喜歡你的說法」、「這聽起來很怪」的表達習慣。

視覺：以視覺為主要語言媒介的人可能會說：「我有看到這裡發生了什麼事。」、「事情看來不太對勁。」、「我開始有畫面了。」

觸覺：以觸覺為主要語言媒介的人，會說出類似這些話：「剛才發生的事我感覺不錯。」、「這故事還是有點粗糙。」、「我可以感覺到室內的緊張氣氛。」

嗅覺：以嗅覺為主要語言媒介的人，會說出：「那樣是過不了這種狗屁測試的！」、「他告訴我這個故事的時候，我嗅出了蹊蹺。」、「她告訴我這個故事的時候，我總覺得空氣中有股懸疑的味道。」

味覺：以味覺為主要語言媒介的約談對象，可能會說「這故事真難下嚥」、「剛才發生的事，讓我很不是滋味」、「我發現這件事的時候，嚇得差點嗆到」。

模仿對方的說話節奏

若被訊問者說話速度慢，你就要跟著放慢速度。請記得模仿約談對象的說話節奏，就能夠默默拉近關係。如果被訊問者情緒激動，說話又急又大聲，你就先配合他的說話節奏與聲調，再漸漸把聲調放慢，此時對方也會跟著降低他的音量。這種模仿能緩和對方的怒火。

模仿呼吸：人們通常會模仿對方的呼吸節奏，因此當調查員慢慢深呼吸，被訊問者就會冷靜下來。調查員能夠調整呼吸使對方冷靜。

模仿服裝：穿著相似服裝的兩人，比穿著社會階級不同的服裝，更容易建立融洽關係。穿著最重要的意義是，展現你想要的氣場。穿著硬挺的西裝、領帶，去面對穿著汗衫、牛仔褲的對象，這種服裝上的對比，就彰顯了你的主導地位。

相對的，若你的穿著刻意接近於被訊問者的喜好、地位，就有利於建立關係。但是，如果調查員穿著休閒服裝來約談企業執行長，等於是讓自己屈居劣勢。請先決定你想展現什麼形象，再穿著能強化這個形象的服裝。

碰觸：觸摸的動作代表兩人的關係緊密。通常一個人若想給另一個人意見、提供什麼資訊，都會伸出手觸碰對方；想要下指令（而非接受指令），和說服他人時，也會有這動作。儘管如此，「觸摸」是需要經過謹慎考慮才能使用的策略。兩個萍水相逢的人第一次見面，若想客氣的碰觸對方，可以觸摸對方的手肘。

要求幫忙：人們在幫助別人的時候，會覺得自己很棒。還有，關於友誼有一條黃金定律：如果你希望別人喜歡你，你就要讓他喜歡他自己，所以不妨請約談對象幫個忙。這種現象稱為「富蘭克林效應」，是因為班傑明．富蘭克林（Benjamin Franklin，譯按：美國開國元勳）發現他請求別人幫忙，對方會更喜歡他。綜上所述，調查員藉由這種技巧，能迅速打好關係。

1. 調查員：「你可以幫我看看這張組織圖是否正確嗎？」
2. 調查員：「你的原子筆能借我一分鐘嗎？我要填表格，但手上只有鉛筆。」

讚美奉承：拍馬屁是很有用的，但較缺乏自尊心的人，比較會質疑這種恭維有多真心，進而質疑恭維他的人。為了避免這種觀感，調查員最好先找到對方「真正」不錯的地方，然後隨口讚美幾句。人們會喜歡奉承他們的人。稍微奉承一下嫌犯（例如尊稱他為先生、夫人、小姐）很有效，因為這些稱呼，能夠提高嫌犯的自尊心。

最有效的拍馬屁方法，就是讓對方自吹自擂。這一招能夠避免恭維對方卻不夠真誠的問題，而且人不會放過吹噓自己的機會。

1. 調查員：「你平常這麼忙，是怎麼維持住這種好身材的？」
2. 調查員：「這次犯案手法的精細程度，令我由衷佩服。」

先向對方吐露祕密

自我揭露，能拉近兩個人的距離。就偵訊、約談而言，最好的時機是在約談剛開始的時候。人只會跟喜歡的人透露情報。若你在關鍵時刻，跟被約談者分享你自

圖表6-1　自我揭露三層級

類型	表露程度	話題
意向式	淺	「週末在做什麼？」
情境式	中	「你認同主管的決策嗎？」
個人式	深	隱私的、個人的。

己的事，他就會也想說點什麼作為回報。

柯林斯（Collins）與米勒（Miller）將自我揭露分成三個層級：意向、情境、個人。其中對於「你好嗎？」、「你週末過得如何？」之類的問題表露自我，屬於**意向式**；而「對於老闆的決策你有什麼看法？」之類的問題，因應當下實體環境與個人狀況而表露自我，屬於**情境式**；至於**個人式**的自我揭露，則代表自己與對方互相信任。

調查員最好用個人式的自我揭露，但不應透露私密訊息（例如財務或婚姻方面的問題）。如果透露的資訊太私密，或報喜不報憂，反而會減損效果。如果想獲得最佳結果，透露資訊就要有所節制。

保持同理心

在約談剛開始的時候，調查員應該先說「對於你的損失我深表遺憾」或「我很遺憾你發生這種事」，表示自己能體會對方的遭遇。這話聽起來也許陳腔濫調，但能讓被害人覺得：調查員知道自己受害的痛苦。

雖然蒐集資訊是調查員的首要目標，但還是要用同情、莊嚴、尊重的態度對待被害人。而且調查員要留意，被害人在罪案發生後，通常都會長期陷入創傷後壓力症候群（Post-traumatic stress disorder，簡稱PTSD）中。

避免二度傷害

被害人在約談或調查過程中，被迫再度體驗原本的創傷，就叫做二度傷害。調查員必須知道，他們的例行公事或許會嚇到被害人，甚至改變他們的人生，因此詢問時應以取得證據為重，而不是窺探隱私，尤其是處理強暴案的時候。

測試融洽關係

和諧的關係可大幅提高約談目標達成機率。在確定打好關係之前，請不要繼續進入約談的下一步驟。以下幾個非言語姿勢，能夠測試關係是否融洽。

模仿姿勢：調查員要測試關係好壞，可以翹腳、點頭或將身體往前靠。如果對方模仿同樣的姿勢，就表示你們的關係不錯，約談也就能順利進行。如果約談對象沒有回應，那就繼續設法打好關係。

偏著頭：一個人如果喜歡某人，或是聽到喜歡的事，頭就會偏向一邊。因此偏頭是融洽關係的象徵之一。

開放姿勢：開放的姿態——像是身體往前傾，會傳達一個訊息給被訊問者：「我現在是敞開心胸在跟你說話。」若被訊問者展現出開放的姿態、或將手臂或雙腿往前靠，就表示雙方的關係很融洽。

呼吸：呼吸正常，代表關係融洽。你可以觀察約談對象的呼吸；如果他每過一段時間就深呼吸一次，就表示他很不安——儘管他可能裝得很冷靜。

屏障：調查員與對方之間，如果放著飲料罐、枕頭、錢包與其他可移動的物品，這除了表示約談對象很不安，還意味著兩人的關係不融洽。因為，兩個人若關係不錯的話，他們通常會移開兩人之間的物品。

杯子擺放位置：調查員應該提供約談對象飲品，原因有幾點。首先，給約談對象飲品製造了心理學中的互惠原則效果。即使收到的東西微不足道，人們受到給予時還是會傾向回報。至於提供飲品的回報，當然是希望能從約談對象處得到資訊。

其次，握著一杯溫熱的飲品，即使面對陌生人也能放鬆下來。再來，約談對象擺放杯子的位置可以象徵融洽關係的具象化。比如，**如果約談對象喝了一口飲品後，將杯子擺在兩人之間，則代表融洽關係尚未建立，此時杯子就象徵著兩者之間的屏障**；如果約談對象喝了一口飲品後，**將杯子擺在側邊，代表融洽關係已建立**。將杯子移至側邊，象徵彼此間的屏障已消除。

「套」交情

本章介紹了許多關係建立技巧，而你可以結合它來設立「圈套」。約談對象不會注意到你的圈套，因為兩人假如真心喜歡對方，就會模仿對方的自然行為；而大腦只有在覺得對方行為異常時，才會觸發戰鬥或逃跑的反應。本章介紹的技巧都是很基本的人類行為，所以約談對象並不會覺得自己被玩弄。

用基本人類行為套交情的好處在於，就算你失敗了，對方也不會有所警覺，因為他們沒有察覺到圈套。套交情如果成功將有無窮的好處，即使失敗也幾乎沒什麼壞處。如果失敗了，調查員只要換一種偵查工具就好。有多種偵查工具的調查員，比只精通少數偵查工具的調查員有優勢。

讓對方自我感覺良好：想讓被訊問者喜歡你，就是先讓他們喜歡自己。約談過程中，你要把重點都擺在他身上，若這段期間，被訊問者變得更有自信，那麼他也會連帶喜歡說話的對象。

就長期關係而言，如果調查員成功提升被約談者的自信心，對方就會更配合你的調查。要提升對方的自我感覺，你可以一邊微笑、挑眉或偏頭，一邊說：「我喜歡你這個人。」也可以講一些表達同情的話：「我跟你感同身受。」或者，讓約談對象吹噓自己；你也可以**請對方幫個小忙**，這樣他會覺得自己很棒。最後，你可以點點頭說：「我對你講的事情很有興趣。」這些微妙的言語與非言語訊息，都會讓約談對象喜歡調查員。

使對方允諾說實話：人若是親口說出承諾，就比較可能遵守它。這項技巧可與「設立高度期望」（詳見第二二〇頁）與「分享祕密」併用。多數人都會試著符合他人的期待，尤其是他們已口頭做出承諾的事情。此外，人們如果收到有價值的事物（無論價值多小），就會覺得自己必須回報。

調查員：「我在此承諾，約談期間無論任何情況，我都會說實話。而我也希望你向我承諾，你願意嗎？」

被訊問者：「願意。」

此時對方就必須承諾說實話。如果他不願意，就會讓自己陷入尷尬的狀況。假如約談對象在約談期間說謊，調查員就要提醒被訊問者承諾過什麼。

調查員：「我以為我們已經互相承諾了！約談開始之後，我一句謊話都沒說，信守承諾。要你遵守承諾有這麼難嗎？」

調查員在做出承諾時，也可以跟對方握手，讓這個承諾更穩固。

調查員：「我在此承諾，約談期間無論任何情況，我都會說實話。而我希望你也對我承諾，你願意嗎？」（伸手與對方握手）

被訊問者：「願意。」（與調查員握手）

替訊息綁定動作：調查員可以替自己的訊息「綁定」姿勢或動作，之後只要做出這種動作，就等於在傳遞同樣的訊息，調查員也就不用再開口重提這個訊息，或提醒對方信守承諾。有時調查員只要做個小動作，就等於重申之前講過的話，或是提醒對方做過的承諾。

調查員：「我在此承諾，約談期間無論任何情況，我都會說實話。」（故意敲筆或其他物品）而我也希望你向我做出同樣的承諾，你願意嗎？」（停止敲擊，伸手與對方握手）

被約談者：「願意。」（與調查員握手）

當約談對象說謊或疑似說謊時，調查員就重複剛才雙方互相承諾時的動作，並且提醒對方，他先前才應允無論如何都要說實話。

調查員亦可替約談主題或訊息，綁定特殊的動作。

調查員：「你之前跟我說，（開始用筆敲桌子）對你而言最重要的事情，是當個好爸爸。（停止敲筆）既然想當好爸爸，你就必須待在孩子身旁。如果你能為自己的行動負責，過沒多久就能與孩子重聚了。」

調查員在說：「對你而言最重要的事情，是當個好爸爸。」這句話的同時敲筆。當他想提醒對方這句話時，只要再敲筆即可。

調查員還用了兩招審訊手法：「設立高度期望」與「假設性陳述」（詳見第二四九頁）。調查員說：「既然想當好爸爸，你就必須待在孩子身旁。」這就是在設立期望：常陪在孩子身邊的人，才會被當成好爸爸。如果約談對象自認是好爸爸，他為了與孩子早點團聚，就會更願意配合。接著，調查員用假設語氣說：「如果你以身作責……」藉此告知對方早點團聚的方法。

調查員與對方建立融洽關係的同時，也可以設下圈套。約談對象不會發現圈套，因為調查員的行為很正常。

圖表6-2　嫌犯的心理時間軸

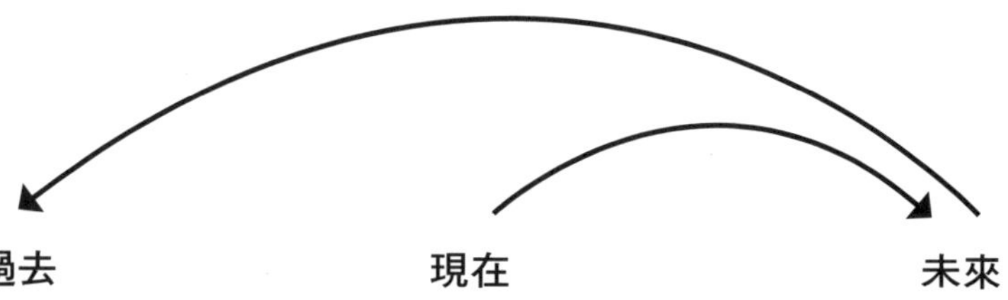

被逮捕者的心理時間軸

人被逮捕的時候心理會陷入混亂，因此調查員必須協助他辨識現況。嫌犯想知道的第一件事，是「現在」會發生什麼事。此時調查員應該要告訴他：接下來會度過哪些特定程序；警車上會發生什麼事；他入監期間，誰來照顧他的小孩。另外，如果他有提到其他擔心的事情，調查員也要盡可能向他說明清楚。

嫌犯知道「現在」會發生什麼事之後，接著就會想知道「未來」。此時調查員必須告訴他：未來會發生什麼事、他什麼時候會受審、他能夠保釋嗎？只有當被逮捕者知道「現在」或「未來」會發生什麼事之後，調查員才能回到過去，說明對方是做了什麼事才被逮捕。這項技巧能夠平息逮捕所造成的不確定感，也會讓被逮捕者以為，人生重回自己的掌握。

第 7 章

米蘭達警語，打開話匣子

向嫌犯宣讀「米蘭達警語」的好處，
是讓對方覺得他可以選擇不開口，
主導權在他身上，
你容許他緘默，他反而更想說。

對調查員來說，宣讀米蘭達警語（警察逮捕嫌犯時，宣讀嫌犯有保持緘默的權利）通常是無可避免的必要程序，而不是一種約談的技術。研究顯示，每五個嫌犯就會有四人放棄米蘭達警語的權利，選擇開口跟調查員說話。若調查員以適當的方式、對嫌犯宣讀米蘭達警語，這將有利於你達成約談目標。

先建立融洽關係再宣讀米蘭達警語，就有一段時間能消除約談對象的戰鬥或逃跑反應。假如約談已計畫妥當，而且嫌犯也願意開口，那就算他有罪、開始說謊，米蘭達警語也不太會妨礙談話。

注意

每隔一段時間，調查員就要向所屬的組織或法律顧問，確認米蘭達警語的政策。

米蘭達警語

請記住，米蘭達警語的目的並不是要對方照做，只是讓對方清楚了解，他有保持緘默的權利。

情況在掌控之中的感覺

人如果自覺掌控了實體面與情緒面的環境，就會比較願意跟他人溝通。調查員應該利用米蘭達警語，讓對方覺得，主導權在他身上。

調查員：「在我們開始之前，我想先確保你了解規則。首先，我想先讓你知道，這次約談在你掌控之中。如果你不願意開口或做某件事情，我不能逼你。你才是老大。你有權力叫警察滾開。就算你同意回答問題，也還是有權利不回答特定問題。

「若我問了一個你不想回答的問題，你只要跟我說：『我不想回答』就好，這樣我們就繼續下一個問題。回答問題之前請務必三思，因為你所說的一切都會列入紀錄，而且有可能成為不利於你的呈堂供述，所以請想清楚。

「記住，你同意與我交談，並不代表你不能隨時中止約談、與律師談話。如果你沒錢請律師，法庭會免費指派一位律師給你。我想確保你了解我剛才說過的事，所以我們再從頭確認一遍準則吧。」

（此時，調查員向對方遞出一張書面的米蘭達警語，以及放棄緘默權利的表格。調查員再次提醒對方，米蘭達準則能讓他完全掌控這次約談。）

「你覺得我需要律師嗎？」

當嫌犯問：「你認為我需要律師嗎？」調查員應該簡單回答他：「我覺得你需要的是說實話。」

宣讀米蘭達警語後，嫌犯如果簽署了棄權聲明書，你可以將放棄緘默權利的表格拿到別的地方，並進入正式約談。

嫌犯完全了解他能隨時中止約談。不過，只要先建立好關係，嫌犯大都還是會乖乖配合調查，因為他不想破壞自己與調查員之間的關係。

第 8 章

看出誰在說謊

不願意吐實的證人，
也會出現與說謊者相同的言語及非言語訊號，
只是沒有那麼強烈。
調查員唯有透過不斷練習，
才能分辨其中的差異。

人在說謊的時候得面不改色，而且要讓故事有說服力、禁得起檢驗。人們說實話的時候，會努力確保對方理解他的話；反之，說謊者試圖操控對方的感覺，結果無意間透露出言語與非言語線索，而被人拆穿。

可惜的是，沒有特定言語與非言語線索，能夠一口咬定對方說謊。事實上，經許多研究證實，謊言辨識的準確度只有五〇％，就連資深調查員也一樣。

唯一能辨別真相的方法，就是用獨立調查蒐集到的已知事實，來證實約談對象提供的資訊。儘管如此，調查員依舊能透過一些間接的謊言辨識手段（如言語與非言語線索），來判斷對方對哪些話題較敏感，或是否隱瞞了什麼事情。

謊言辨識時常犯的專業錯誤

艾克曼（Ekman）發現，調查員在謊言辨識時有下列常見錯誤：

- 不相信實話，卻誤信謊話。
- 有說謊的跡象，不代表對方一定說謊。

- **沒有出現說謊的跡象，不代表對方就一定坦白。**
- 誠實的人如果覺得對方不相信他，就會流露出一些情緒，跟說謊者很像。
- 調查員認為自己擁有特別的謊言辨識技能。

過程分為兩階段

謊言辨識是個兩階段過程。首先，調查員必須認出異常的言語與非言語行為；接著，調查員必須將這些線索，轉譯成辨別真偽的指標。

他無罪，只是不能說實話

無辜證人可能因為擔心調查員不相信自己，而表現出欺騙的非言語行為；此外，證人也可能隱瞞非重點的尷尬資訊；不想坦白的證人，也會顯露類似說謊者的言語與非言語線索，但比較沒那麼緊張。調查員透過練習，就能分辨誰是「不想坦白的證人」，誰又是「隱瞞資訊的嫌犯」。

凶殺案調查員找到一位證人，堅決否認自己對該謀殺案知情。調查員約談這位證人，發現他有欺瞞的行為，因此調查員懷疑證人參與此謀殺案。不過調查員後來發現，證人說謊不是因為他參與謀殺，而是因為他當時在嫖妓，不想被老婆發現。證人怕他假如說出自己看到的事情，偷吃的事情就藏不住了。

實話構成整體

實話會構成一個全面性的整體。有時對方的供詞與事實不符，卻反而像在說實話，因為他提供的言語與非言語資訊，剛好補足了現實的遺漏之處。完整的一套謊言即使完全違背物證所說明的事實，也能說服他人。

外向的人比較常說謊

人在說謊時，會操縱別人。相較於性格外向的人，內向者說謊的機率較低一些。此外，相較於很少說謊的人，典型的說謊者難以培養踏實的人際關係、而且比較沒責任感。害怕孤獨、好社交的人比較常說謊，因為面對交往不深的對象，說一點「善意的謊言」能更快的拉近關係。

先引起對方恐懼

心智健全的罪犯說謊時，不僅得承受犯案後的罪惡感，他在被調查員問話時也會越來越焦慮。當調查員面對一位確實有罪的嫌犯，這位嫌犯可能會評估現狀是否有必要說謊（戰鬥），或者迴避敏感的問題（逃跑）。

嫌犯在約談過程中，會觀察調查員上當的機率。因此，調查員的謊言辨識能力越高，他的恐懼、不自然的言行就會變得顯而易見。

對沒有說謊的人來說，約談過程就只是釐清事實的必經過程；但是對騙子而言，約談事實上就是生存之戰。被訊問者越害怕自己被拆穿，就越容易洩露言語或非言語的欺騙跡象。調查員應充分引起對方的恐懼，以偵測可見的欺騙跡象。

每個人的內心對每件事都有自己的認定和解釋，但這些認知不一定與現實相符。調查員除了從對方口中獲取事實，還必須理解被約談者的每個用詞有什麼意義。以下是一位檢察官與一位法醫病理學家的交談內容，他們想證實某個謀殺審判中的辯詞，而這正好可以說明米勒法則（Miller's Law）的重要性。

三名嫌犯在空地上將米爾頓．沃克（Milton Walker）毆打致死。其中一人與第四個人一起回到現場，確認沃克是否沒有呼吸。而當他們發現沃克還有呼吸，就用木板毆打他。

米勒法則

根據米勒法則（由美國心理學家米勒所提出），為了理解對方在說什麼，你必須先假設對方完全坦白，再問自己：「他的言辭當中，有哪些部分是真實的？」

第四人的辯護律師要求檢方認定他的委託人無罪，因為當第四人到達現場時，沃克就已經死了；所以第四人只是在毆打屍體。作證的法醫病理學家也證實，沃克先生被第四人毆打前已經死亡；但這與現有證據矛盾。因此法庭更進一步審視法醫病理學家的證詞，他確實沒說謊，只不過這名法醫認定的死亡是基於他個人對「死亡」的定義。爭吵了二十分鐘之後，檢察官最後問了以下問題，才發現米勒法則有多重要。

檢察官：「說到判定死因，你對『腦死』這個詞熟悉嗎？」

法醫：「是的，庭上。」

檢察官：「假如一個人腦死，心肺還有可能活動嗎？」

法醫：「是的，庭上。」
檢察官：「你說沃克先生死亡，是說他腦死，還是他沒有心肺活動？」
法醫：「我是說他在臨床上已腦死。」
檢察官：「所以你說沃克先生已死亡一小時左右，是在說腦死對吧？」
法醫：「是的，庭上。」
檢察官：「所以就算沃克先生根據你的定義已經死亡，他死亡之後還是可能有心跳？」
法醫：「是的。」

病理學家用他自己的定義而不是普遍認知的定義，來解釋「死亡」的意思。根據米勒法則，病理學家將能夠作證，沃克先生在被被告毆打時已經死亡了。

他沒有說謊，但也沒說實話

調查員聽到對方供稱：「但我說的是實話！」會直覺的回答：「騙人，你說謊。」其實在絕大多數的約談中，約談對象的確是說實話但卻隱瞞了更重要的事情不說，所以調查員對於這句供詞的合適回答是：「沒錯，截至目前為止，你都跟我說實話，我相信你。但你還有很多事情沒告訴我，那些事情令我很感興趣。跟我聊聊吧。」

聚光燈效應

說謊者會高估其他人拆穿他謊言的能力。調查員可以隱約暗示對方，他的說謊企圖已經被看穿了，藉此善加利用這種「被看透的幻覺」（illusion of transparency）。

打破溝通的屏障

欺騙者通常會利用飲料罐、電腦螢幕與其他物品（無論大小），在自己與調查員之間築起屏障。此時這些物品帶有分隔、隱瞞的意味，與不誠實的行為一致。

約談對象展現出封閉姿態，表示他不太願意接受調查員的審訊。此時調查員必須強迫對方開放其姿態，才能繼續談話。調查員可以移開屏障，或**讓對方改變他的位置，使得**錢包或枕頭之類的**屏障，反而令他不舒服**。調查員可以請對方看文件，迫使他改變位置。如果調查員不把文件遞到對方眼前，對方就只能自己靠過去看。改變實體位置，就能改變約談對象的心態。

謊言辨識的四象限模型

四象限模型（The Four Domain Model）並非將單一言語或非言語行為解讀為特定意義，而是評估行為的集合與所屬區域，因此簡化了謊言辨識流程。四象限模型將溝通分成：自在、不安；加強語氣；同步；認知管理。如果一個人在四個區域的表現都不佳，就代表對方有可能說謊，或只是隱瞞了部分資訊。

一、自在、不安

一個人的安穩或不安程度，是判定他是否誠實的重要線索。犯罪者會展現出緊張與苦惱，因為他們自知做了什麼，當試圖掩飾罪行時，就得承受很大的壓力，這裡的壓力來自說謊者必須拚命為簡單的問題編織謊言，還要記住自己編的答案。

開放姿態：安心的人姿態會比較開放，並且露出較多軀幹，以及手臂、腿部的內側。人如果知道自己有罪，多半都會感到不安。

移除障礙物：人們坐在桌子旁邊時，如果對彼此都感到安心，他們就會移開阻擋視線的物品。隨著時間經過，兩人會逐漸靠近，這樣就不用大聲交談。他們的呼吸節奏、語氣、聲調與神態都會同步。在與不安的行為表現對照時，這些細部動作非常重要。

暗示不安的線索：人們如果不喜歡所處環境或談話對象，就會顯露出不安。人們如果不喜歡自己看到或聽到的事物，或被迫說出想隱瞞的事，就會顯露出不安的生理跡象，例如心跳加速、汗流不止、呼吸急促。

坐立不安：除了自主性的生理反應，人們也會以非言語形式表現出不安。當人們感到害怕、緊張或不安，通常會調整坐姿、抖腳，或用手指敲桌子，一副坐立不安的模樣。

坐姿僵硬：誠實配合的被訊問者，也會對約談感到緊張，但過程中會顯得放鬆，這可以從他的姿態觀察出來。而有罪的嫌犯，其坐姿會更僵硬一點，透露出「我很不安」。但是這之間的些微差異，得由受訓過的調查員才觀察得出來。

急欲離開：若約談對象刻意插嘴，或一再提到想中止談話，就表示他很不安。約談對象如果一直看錶，也表示他很緊張。

疏遠的動作：若人們不喜歡他周遭的人、事、物，他們通常會使座位遠離那些人，覺得不安的人會將軀幹與雙腳往門口移動。

阻擋：人們會用自己的肩膀、手臂或其他物品，創造屏障。在一次約談當中，非常不安且不誠實的約談對象，先在自己與調查員之間放了一罐飲料，然後談話過程從頭到尾，約談對象一直在建立自己的屏障。到了談話即將結束時，本來的小屏障變成一整面「牆壁」，由飲料罐、筆筒、各式文件與背包所組成。這位被訊問者的用意很明顯，但調查員卻沒看出其中意義。

碰觸頭部：用手摩擦太陽穴附近的額頭、擠壓臉部、摩擦頸部或敲擊後腦勺，都是不安的跡象。

眼皮更會說話

眼睛：眼睛也有阻擋的作用，就像雙手在胸前交叉，或看到討厭的人與物品時把頭轉開。如果人們聽到討厭的事情，通常會閉上雙眼，像是要阻擋這件事一樣。眼睛能夠傳達不安的情緒，但這些跡象常常被調查員忽視。

調查員如果看到對方用眼睛阻擋自己的提問，就能透過對方的眼部阻擋動作，找出對方哪裡不對勁。

眨眼的頻率：當人們心煩、沮喪或生悶氣，會更常眨眼睛。在一次有錄影的約談中，調查員發現嫌犯面臨壓力較大的質問時，眨眼的頻率從每分鐘十七次，增加為每分鐘八十四次。反之，當他面臨較為激烈的質問，兩次眨眼的間隔則會拉長。

眼神接觸與眨眼行為的變化是很重要的。調查員應該在和氣詢問對方時，先確立對方正常情況下的眼睛運動，然後在問及重大問題時，觀察對方的變化。

不敢直視你的人未必說謊

眼神接觸與移動的頻率與持續時間，因文化差異而各有不同。其他文化的人們通常會透過迴避眼神接觸，來表示對於權威的尊敬。有些調查員誤以為，眼神接觸太少或完全沒接觸是欺騙跡象，尤其是面臨激烈質問的時候。反之，也有調查員誤以為，對方面對關鍵問題時直視自己，代表他很誠實。然而事情並非總是如此；相信馬基維利主義（Machiavellianism，按：受義大利政治哲學大師馬基維利〔Niccolò Machiavelli〕啟發，主要表現於利用他人、漠視道德、缺乏同理心、注重謀算自身利益的人格特徵）的人，會刻意假裝自己很誠實。

二、加強語氣

人們說話的時候，為了強調自己的言辭，會搭配身體各部位的動作，例如眉毛、頭部、雙手、手臂、軀幹、雙腿與雙腳。誠實的人都會強調自己的話；反之，說謊者多半沒有強調動作。

說謊者會思考自己該說什麼，以及如何騙人，但卻很少思考謊話該怎麼表達。人如果被迫說謊，就不會注意到日常對話中該有的手勢或語氣。

因為加強語氣能準確反映現實。說謊者如果試圖編造答案，強調的重點會顯得不自然或延遲。說謊者的強調動作多半都不對勁，而且他們常強調不重要的事。

一般人會以言語與非言語行為來加強語氣。在言語上，我們會透過聲音、音調、語氣或是反覆述說來向聽者強調；非言語行為則包括手臂、腿部、頭部、軀幹與雙手。簡言之，**全身都會參與對話**。

手勢：人在說話的時候，會用手勢強調自己說的話。強調的手勢包括敲手指、手指著對方，或用拳頭捶桌面。手部行為能夠襯托言辭、想法與真實的情緒。挑眉或睜大眼睛也是加強語氣的動作。此外，人們也會用軀幹靠近對方，表示感興趣或強調。

對抗地心引力：當人有意加強重點，或情緒激動時，會有反抗重力的姿勢，例如腳尖朝上。此外，人在坐著的時候，也會抬高與放低膝蓋來強調重點。

除了抬起膝蓋，強調言辭的時候還會拍打膝蓋，這表示他的情緒起伏很大。反抗重力的姿勢帶有真情流露的意味，而說謊者鮮少出現這種動作。

缺乏強調動作：一般人說話言不由衷時，就會用手遮住嘴巴，或臉部表情僵硬，因為他們說話不算數。

說謊者有時會一副憂心忡忡的樣子，例如用手抓下巴或拍打臉頰，像是在想該說什麼話，而不是強調自己說的話。總之，說謊者常想的是該說什麼話。

三、同步

理想狀態下，調查員與約談對象會彼此同步（亦即和諧、一致）。言語與非言語的表達會同步；當下情況與談論的話題會同步；事件與情緒會同步；就連時間與空間都是同步的。在約談現場，如果調查員與對方同步，他們就會模仿彼此的語調。此外，說話模式、坐姿、接觸頻率、表情都可能出現同步。

如果調查員與對方沒有同步，他們的座位就會離得很遠，說話的態度或語氣會不同，就連表情都不一致，甚至到了迥異的地步。**缺乏同步將會降低溝通效率，而有效溝通正是誠實的必備要素**之一。

頭部動作：人在接受偵訊的時候，如果對自己的答案很篤定，他的頭部動作就會與言辭一致。如果某人一邊說：「我沒有做。」一邊點頭，那就是沒有同步。當你問他：「你有說謊嗎？」他回答：「沒有。」同時卻在點頭。當他發現自己穿幫，就會試圖顛倒頭部動作，反而讓衝突的情況更明顯。

說謊者會拖延自己的回答，並採用較無強調意味或負面的頭部動作，再加上一段虛偽的陳述，例如：「我沒有做。」這些行為更容易被看穿。

人們說的話與當下發生的事，應該會出現明顯的同步。談話過程中，約談對象如果插嘴，講一些無關緊要的資訊或事實，調查員就會警覺到不和諧之處。資訊與事實，應該與當下的情況與提問相關；反之，如果答案與問題、情境沒有同步，就表示有不對勁的地方，或約談對象在爭取編出一個故事的時間。

人因為小孩被綁架而報案之際，他應該會吵著尋求執法人員的協助、強調每一個細節、感到極度絕望、渴望有人幫忙，而且就算冒著個人風險，他也願意重述事發經過。

如果報案者很平靜，只想著該怎麼講出一個特定的故事版本，缺乏前後一致的情緒表現，只關心自己有沒有事、別人怎麼看待他與案件（心愛的人被綁架）的關聯，這就是與情境不同步。

時空同步：事件、時間與空間應該都要同步（一致）。發生同車的乘客溺水這類大事件，當事人卻拖了一段時間才報案；或是有人跑到另一個轄區才報案，這些人當然嫌疑重大。說謊的人在陳述事實與事件的當下，不會考慮到同步的問題。

四、認知管理

說謊者必須盤算如何說謊，並且管理自己的行為，避免被對方拆穿。認知管理在約談期間會變得很明顯，因為說謊者試圖誤導調查員。非言語行為方面，約談對象會誇張的打呵欠，假裝自己很無聊。說謊者通常會整個人癱在沙發上，或是將四肢伸展開來，表現自己很安穩。

言語方面，說謊者會說自己很誠實、正直、不可能跟犯罪扯上邊。說謊者在調查員面前，會裝出一副善良的樣子，然後說些：「我絕對不會傷害別人！」、「我從來不說謊的。」、「我絕對不會說謊！」，或是「我絕對不會做這種事」之類的話，此時調查員就察覺他在說謊。其他陳述如「我就打開天窗說亮話吧」、「坦白說」、「我真心誠意的跟你說」、「大家都叫我要說實話」，都是想影響你對他們的觀感。

此外還有其他形式的認知管理。比方說，約談對象會帶著社區內的大人物來約談，或是在約談期間，三不五時就提到某某「高官」。也有些說謊者會利用酒精或處方藥，讓自己看起來很放鬆。說謊者會變換服裝與髮型，讓自己看起來更真誠、拘謹。

是溝通出問題，不是說謊

謊言辨識是一項困難的任務。調查員若想強化自己的謊言辨識能力，可以專注於謊言辨識四象限模型：自在、不安；加強語氣；同步；認知管理。若是只觀察傳統的欺騙跡象，就很容易因此被誤導。

過去二十年來的研究已明白表示，沒有一種言語或非言語行為，能指明對方在說謊。但調查員可以運用謊言辨識四象限模型，建立判定誠實度的基準。有時對方會有一、兩個區域表現不佳，這很常見；但若是四個區域都表現不佳，代表溝通有問題，這可能是因為約談對象對調查員反感、藐視執法人員，或他確實有罪；也有可能是因為他的謊言，留下了不必要的麻煩。

讓他超出認知負荷，就能露出馬腳

說謊是一件困難的事。說謊比說實話消耗更多認知資源（Cognitive Resources，按：指人用來思考、記憶、解決問題等，心理活動的有限心智能量），因此，在認知資源不足的情況下，說謊者將較不容易處理新資訊，從而透露出更多言語和非言語的欺瞞線索。調查員可以透過多種技巧來誘發認知負荷（Cognitive Load，詳見第一五八頁），例如要求約談對象以倒序方式敘述事件，或提供額外的細節。通常情況下，說謊者會避免給出太詳細的證詞，以免被查出沒說真話。

詢問約談對象意料之外的問題也能增加認知負荷。說謊者通常會預先排演，他們預期調查員會問的問題，因此回答突如其來的問題需要額外的時間與認知資源。而誠實的人則能迅速回答這類問題，因為他們沒有隱瞞什麼。

說謊者可以選擇拒絕回答突發問題，或透過「我不知道」、「我不記得了」來迴避問題。然而，使用這種逃避策略可能會引起懷疑，特別是當問題與調查核心要素相關時。

第9章

測謊器，準確率已高達87%

測謊器本身並不是一個謊言偵測器，
而是一種測量個體在回答問題時
生理變化的儀器。
當嫌疑犯對特定問題產生較劇烈的生理反應時，
有助於執法人員識別對方有無欺瞞行為。

（本章由FBI退休測謊器檢驗人員
大衛・楊〔David Young〕撰寫。）

測謊器是一個非常好用的工具。它能夠排除嫌疑犯、辨識出嫌犯是否犯下這個罪刑、獲得認罪供述，以及其他調查所需的資訊。許多執法機構都使用測謊器，其中就包含聯邦調查局（FBI）。FBI跟其他執法機構一樣，會在聘前篩選、人員安全篩選、反情報與反恐調查、刑事調查及行政調查中使用。

是否在說謊，生理反應騙不了人

測謊器本身並不是一個謊言偵測器，而是一種測量個體在回答測謊人員問題時，生理變化的儀器。當嫌疑犯對特定問題產生較劇烈的生理反應時，就會有助於識別他是否說謊。

在測謊過程中，個體的生理變化源於自律神經系統對說謊時的反應，這種自動化的生理反應被稱為「戰鬥或逃跑」反應。

當人面對壓力或緊張情境時，生理狀態會不由自主的改變。例如，當你在高速公路上稍微超速行駛，突然發現後方有警車閃著警燈並鳴笛時，你的自律神經系統可能會立即啟動，導致呼吸變化、出汗增多，血壓與心跳加快。

這些變化並非由你的主觀意識所控制，而是身體自動做出的反應，以準備應對可能的威脅——無論是「戰鬥」還是「逃跑」。測謊器正是基於這一原理運作。**它捕捉人在害怕被揭穿謊言時所產生的生理變化，從而提供可能的欺瞞線索。**

被測者有「被揭穿」的強烈恐懼

為了確保測謊器的準確性，說謊對當事人而言必須具備實質後果或風險，這樣才會產生可被偵測的生理反應。我們在日常生活中時常會說一些善意的謊言，但這類謊言通常不會引發自律神經系統的顯著反應。

例如，當配偶詢問對方是否喜歡自己精心準備的餐點時，即使味道不佳，多數人仍會選擇表示喜歡，以避免傷害對方的感受或顯得不知感恩。這類謊言通常不會帶來強烈的心理壓力，因此難以透過測謊器偵測。

要獲得最準確的測謊結果，**被測者必須對「被揭穿」產生強烈的恐懼，並意識到說謊的嚴重後果**。

比如求職者（聘前篩選）可能擔心如果謊言被揭穿，將失去獲得該職位的機會；現職員工（人員安全篩選）可能害怕失去安全許可、被解僱，甚至成為刑事調查的對象；刑事調查、反情報與反恐調查的對象可能面臨被指控、定罪，甚至監禁的風險。

這些潛在後果會讓受測者產生足夠的「欺瞞焦慮」，從而提高測謊器偵測出欺騙反應的準確性。

呼吸頻率快就是說謊？

測謊器會監測並記錄自律神經系統的三種生理反應：

1. **膚電反應（Electrodermal Activity，簡稱EDA）或汗腺活動：**測謊器透過固定在受測者手指上的兩塊小電極板來測量膚電活動（電導變化），以監測汗腺的活動程度。
2. **血壓與脈搏率（Blood Pressure and Pulse Rate）：**測謊器會透過綁在受測者上臂、前臂或腿部的血壓袖套帶，來測量血壓和脈搏率的變化，記錄壓力升降趨勢。
3. **呼吸頻率（Respiration Rate）：**受測者的胸部與腰部會繫上兩條呼吸感測器（pneumograph）測量管，分別監測這兩個部位的呼吸頻率與變化，以評估呼吸模式。

當受測者說謊時，其汗腺活動會增加，導致膚電反應上升。此外，血壓與脈搏率也會上升，反映出身體對壓力的生理反應。

有趣的是，與直覺相反，受測者的呼吸頻率反而會下降。這是因為在「戰鬥或逃跑」反應中，身體會優先吸收更多氧氣，以應對潛在的威脅。然而，由於受測者實際上是坐著，並未真正進行戰鬥或逃跑，因此多餘的氧氣並不會被立即消耗，導致呼吸頻率降低。

各種研究已確定，**測謊器的準確率介於八七%到九〇%之間**。美國測謊協會（American Polygraph Association，簡稱APA）指出，當測謊器用於針對特定事件（即單一議題）進行測試時，綜合準確率為八九%。

而在涉及多個議題的測試中，準確率為八五%。整合所有經過驗證的測謊技術（不包括極端異常數據）後，測謊器的整體準確率為八七%。

比測謊器更重要的測謊問題

在測謊檢測之前，測謊人員必須先與調查員會面。這樣做的目的是讓測謊人員熟悉案件情況，並制定適當的問題。**測試問題的設計對於測謊結果的準確性至關重要**。調查員絕對不想看到因為問題措辭不當，導致有罪之人通過檢測。

例如，問「你開槍殺了那個人嗎？」可能並不合適，因為謀殺受害者的方式多種多樣，不僅限於槍擊，還可能是勒死或刺殺。此外，如果有共犯參與謀殺但並未直接殺害受害者，他仍可如實回答該問題，從而逃避起訴。例如，共犯可能在他人行凶時按住受害者。因此，更合適的問題應該是：「你是否參與殺害那個人？」這樣的提問既適用於直接殺害受害者的人，也適用於任何共犯。

相反的，調查員也不希望因測謊結果不當而傷害無辜的人。例如，問：「你是否傷害了那個人？」過於模糊。調查員不希望某人因回想起曾經傷害過受害者的感情，或是曾與受害者發生過與案件無關的肢體衝突，而產生與此案無關的生理反應。因此，**提出恰當的問題，才能獲得最準確的測謊結果**。

＊　＊　＊

測謊檢測包含三個階段：測前準備階段、測試階段和測後會談階段。每個階段都有其獨特的目標。

1. 測前準備階段：

測前準備階段的目標，是從受測者那裡收集盡可能多的相關資訊，並讓受測者進入適當的心理狀態。測謊人員會解釋測謊器的運作原理、與受測者審閱所有即將提問的問題，並確保對方理解，測謊過程中不會有任何陷阱或突發問題。

受測者在測試前就會清楚知道將被問及的問題，以及每個問題的確切含義，並被指導僅以「是」或「否」作答。一旦受測者明確理解每個問題的含義，並意識到其嚴肅性，且測謊人員認為受測者已在心理上準備好接受測試，測前準備階段即告完成。

2. 測試階段：

在正式測試階段，測謊人員會依序提出預先準備的問題，要求受測者作答。在刑事調查中，嫌疑人會接受測試，以判斷其在特定事件或調查問題上是否有欺騙行為。而篩選性測謊（按：聘前篩選或人員安全篩選）則針對多個議題進行測試。

在測試過程中，測謊器會記錄受測者的呼吸、心血管活動（血壓與脈搏），以及膚電反應，以分析生理變化是否與欺騙行為相關。

在檢測中，常見的提問技術有多種。其中，刑事調查中最廣泛使用的測試格式之一是控制問題測試（Control Question Test，簡稱CQT）。CQT透過比較受測者對「相關問題」（例如：「你是否刺傷了那個人？」）與「控制問題」的反應來評估欺騙行為。控制問題涉及與調查案件類似的行為，但指向受測者的過去，而非當前調查的事件。例如：「在這個月之前，你是否曾傷害過任何人？」

誠實的受測者通常對控制問題的反應，會比對相關問題的反應更強烈。這是因為控制問題的設計目的，在於讓對方開始懷疑自己過去說的話是否有矛盾，使其擔心自己的回答可能暗示他們曾犯下類似行為。

相反的，**真正犯下相關行為的人會更關注相關問題，因為這些問題直接涉及他們的罪行**。因此，他們的生理反應會在回答相關問題時更為明顯，從而顯示出欺騙行為。

測謊人員會分析測試過程中產生的生理反應圖表。然而，在另一位測謊人員進行「品質控制」分析前，測試結果不會被正式確定。

儘管如此，測謊人員還是可以在當下初步判斷受測者的結果為：無不實反應（無欺騙跡象或無顯著生理反應）、不實反應（顯示欺騙行為或有顯著生理反應）或無法鑑判（受測者的生理數據無法得出明確結論）。

及時做出決定至關重要，因為未通過測謊的受測者應立即接受進一步的訪談，以深入調查其可能的欺騙行為。

3. 測後會談階段：

測後會談階段在測謊檢測完成後進行。測謊人員會分析測謊圖表，並告知受測者測試結果。如果未偵測到欺騙行為，通常不會進行測後會談。在刑事調查中，這意味著調查人員可以將注意力轉向其他方向，因為受測者已不再是嫌疑人。

然而，如果測試結果顯示受測者有不實反應，測謊人員通常會進行後續訪談，以確定受測者未通過測試的原因，並在可能的情況下獲取供詞或自白。測後會談是一個理想的機會，因為許多未通過測謊的受測者，可能將測謊視為證明自己清白的最後機會。一旦被告知測謊未通過，受測者可能會讓步，比之前更願意坦白或供認。

米蘭達權利不會影響測謊意願

在檢測前或後，受測者必須被告知米蘭達權利（Miranda Rights）。執法人員認為，告知受測者米蘭達權利不會妨礙他們獲得自白或供詞。這與米蘭達權利生效後進行的各項研究結果一致。研究顯示，約八〇%的嫌疑人會放棄米蘭達權利，並願意與警方交談。

嫌疑人放棄米蘭達權利的一個主要原因是，他們認為保持沉默會被視為有罪。這種心理推論也同樣適用於，嫌疑人是否決定接受測謊。為了避免給人有罪的印象，嫌疑人可能不願意拒絕測謊，甚至不會在接受測試之前要求律師在場。即使是受過教育的嫌疑人，不僅會放棄保持沉默的權利，還可能不會要求律師在場，因為他們擔心這樣做會等同於承認有罪。

另一個嫌疑人願意放棄米蘭達權利並與執法人員交談的原因是，他們認為自己能夠說服警方，從而脫困。同樣，嫌疑人也可能同意接受測謊，因為他們過度自信，認為自己能夠「智勝」警方，甚至能夠通過檢測。

網路上有許多向受測者提供誤導性資訊的網站，教導他們使用各種策略來「擊敗」測謊。然而，大多數測謊人員都是受過專業訓練、經驗豐富的調查員，能夠識別受測者使用的反制措施，以防止他們試圖擊敗測謊器。

測謊所得的供詞

測謊器雖然不是萬能，但它確實是一個獲得寶貴訊息、自白與供詞的優秀工具。儘管其準確性受到質疑，**但在刑事與安全領域中，許多寶貴的訊息都是在受測者未通過測謊檢測後才獲得的**。

測謊器在安全審查過程中的效用是不可否認的。根據一九九七年《保護與減少政府機密性委員會報告》（*Report of the Commission on Protecting and Reducing Government Secrecy*，暫譯）第四章，測謊器的價值在於，它使測謊人員能夠在測謊申請人自願供認的情況下，獲得先前未被披露的不當行為資訊。一旦受測者承認了不當行為，實際的測謊結果便變得不再必要了。

根據一九九三年五月國家安全局（National Security Agency，簡稱ＮＳＡ）向白宮發送的信函，「超過九五％國家安全局獲得的，有關未達到聯邦安全審查標準的個人信息，都是透過測謊過程中受測者的自願供認獲得。」雖然沒有類似的數據可供刑事調查參考，但可以合理假設，測謊在刑事調查中的認可率也同樣高。

第 三 部

謊言再高明，
詞性、姿勢、五官
都會吐實

第 10 章

問他的時候，細細讀他

整個人縮進椅子裡或採取胎兒般的姿勢，
象徵軟化及退縮。
雙腳打開站立意味支配與主導。
一般人聽到不喜歡聽的話時，
往往會閉上雙眼；用力咬脣代表有壓力，
碰觸頸部的任何一個部位通常代表
覺得困擾、厭煩或憂慮。

人與人之間的溝通，約有六成到八成是透過非言語行為，因此調查員不能只解讀被約談者所說的話。我常看到調查員疏於辨識被約談者的行為線索，或是只會觀察單一行為、而沒有把多個行為放在一起評估。

若你和對象屬於不同生長背景、文化，那就很容易發生非言語的溝通錯誤。因此在進行跨文化的約談時，務必確立行為基準。

保持距離

「人際距離學」（Proxemics）是由美國人類學家荷爾（Hall）創造的詞，將距離分成親密、個人、社交與公共等四類。個人空間的大小會隨著文化與性別而不同，但一般來說是身體周圍四十五・七至九十一・四公分。調查員應時時觀察被訊問者習慣的空間距離。入侵對方的個人空間，會給他製造很大的壓力。這個動作會瞬間製造緊張感，因此你得評估整個套話策略，是否有必要納入此動作。

伸展手腳以宣示領域

若某人將手臂跨在椅子上或將個人物品放在身邊，表示他覺得很安穩、優越。此外，雙手叉腰、手肘展開，或是站立時雙腿分開，都是宣示地盤的動作。

坐姿：若某人窩進舒服的椅子裡，或是如胎兒一般將全身縮起來，就可能代表他不夠堅決。就算沒有全身縮起來，雙手抱膝也是不安、退縮的表現。

站姿：從站姿能判斷一個人，是權威還是服從？是對立還是合作？是淡定還是擔心？是焦躁還是平靜？請留心你傳遞的訊息。**雙腿分開站代表優越；而腳跟併起來的站姿代表服從**。被訊問者的站姿越開放，就表示他的反抗心越重。

凝視：從一個人如何注視對方與時間長短，可看出他是服從、優越甚或恫嚇。注視越久就能展現出越多主導權，而低頭看地面則表示服從。

真話可以「盯」出來

調查員如果要傳遞訊息宣示自己的主導權，應持續注視被約談者，就算現在是

（續下頁）

你的同事在説話也一樣。如果你想傳遞一個沒那麼強烈、但依舊有效的訊息，可以先注視同事，等到同事説完，你就立刻看向被約談者。

姿勢：你從一個人的姿態，可以觀察出他有沒有活力、能力有多強，或者是否對現在的話題意興闌珊、生了某種病，或者更糟的，他在心裡貶低調查員。說謊欺騙的人會下意識的減少自己手、拇指、腳，或是腿的動作。

衣著：調查員能夠藉由謹慎選擇服裝，在約談中展現出正式或休閒的氣氛，也可營造上對下的關係。深藍色西裝搭配白色襯衫與一條保守的領帶，投射出成功、稱職、甚至真誠的印象。反之，嫌犯如果穿著深色服裝——尤其是黑色服裝，就會給人好鬥的印象，看起來更像有罪。

象徵符號：服裝、飾品、珠寶、刺青等象徵符號，會透露一個人希望世人怎麼看待他。象徵符號也暗示了一個人的從屬關係與信念，以及他有多重視社會傳統。

眼睛：大腦處理資訊、構思對話、回憶往事、編造答案或專注思考時，眼睛通常都會透露出端倪。調查員應該趁對方回答溫和的問題時，確認對方的「正常」眼神移動為何；觀察出對方正常的回應後，可以用來對照他被問及關鍵問題時的眼神移動。

阻斷視線表示防禦

眼部阻擋動作，作用類似雙臂交叉於胸前、或轉身遠離討厭的人。人們聽到不喜歡的事情，常會閉上眼睛，好像要阻擋這件事。有時閉上眼睛後，他們還會用手指摸眼睛，像是要擋得更徹底。調查員可記下對方何時閉上眼睛，就代表對方覺得這個話題很棘手。

眼皮跳動：當某人變得沮喪、聽到不喜歡的事情，他的眼皮就會快速跳動，反映出他的錯愕或沮喪。眼皮跳動能立即、準確的反映出對方的壓力。

翻白眼：有些人會翻白眼，表達自己的懷疑，或輕蔑不敬。

眨眼：感到壓力的人會更常眨眼，但**有壓力不等於他說謊**。

視線方向：身體想移動到哪裡，眼睛就會看向哪裡。說謊者通常會看向最近的出口，這表示他們無論生理還是心理上，都很想逃離說謊造成的焦慮。

嘴脣的訊息比說的話多

若想獲得真相，你就要知道嫌犯或證人在想什麼。嘴脣本身傳達的訊息比說出來的話更明顯。以下嘴脣動作透露出，嫌犯或證人在想什麼：

噘嘴：這種表情變化，代表他與你意見不合、不能認同你說的話。他的這個表情越誇大，就代表他越不認同你，但也代表他心中對此事已有定見。調查員只要能透過嘴部的非言語訊息讀心，就離約談目標前進一步。提供你一個讀心技巧——就是在對方正要說出他的想法之前，改變他的想法。因為，一個人若大聲說出自己的想法，就不太會受他人影響了。

而且一旦做出決定，人的緊張感就會大幅降低，這個發現是來自一致性理論（principle of consistency，按：人們傾向於讓自己的信念、態度與行為一致，以免產生認知失調）。做決定，會產生一定程度的緊張，但是當一個人下定決心，這種緊張感就會完全消散。

此時他們不太會改變心意，因為這麼做等於承認他先前的決策是錯的，反而會更緊張。跟再重複一次決策流程相比，維持原先立場比較不會感到焦慮，無論對方勸他改變的說詞有多大的說服力，他都只會重複原先的回答。

換句話說，一個人說出某句話之後，就會一直照著這句話做。這也是你為什麼必須打斷嫌犯的否認之辭，以免他一再重複，最後相信自己的說詞。

咬嘴唇：另外一個「讀心」技巧，就是看對方有沒有咬嘴唇。咬嘴唇指的是用牙齒輕咬，或拉動上唇或下唇。這種非言語姿勢表示他有話想說，卻欲言又止。人們在表達意見的時候，通常都會有點猶豫，因為他們怕自己說的話會冒犯對方，或是讓自己看起來很壞。

調查員能迅速辨識，什麼是被訊問者最不想答的問題，就能採用讓對方吐實的策略。如果調查員看到對方咬嘴唇，就應該慫恿他說出所有內心話；而這個目標可以透過「移情陳述」來達成。移情陳述的開頭是「所以你……」，其後接上令對方焦慮的話題與想法。如果你的移情陳述離題，對方通常會修正你說的話，然後跟你分享他為何焦慮。

調查員：「你有看到誰犯下這起案子嗎？」

證人：「我不確定。」（輕咬下唇）

調查員：「所以你覺得要是指認了犯案的幫派成員，就會遭到報復嗎？」

抿嘴：指上下唇緊閉，這種動作通常會把嘴唇隱藏起來。抿嘴隱含的意義，比咬嘴唇更為負面：他想說話卻緊抿嘴唇，怕自己真的說出來。

嫌犯在招供之前，通常都會緊抿嘴唇。此時你可利用移情陳述來慫恿對方，例如：「所以你有話想說，但又不想真的講出來。」如此一來，原本不情願的對方就會開口。

嘴脣顫動：人如果嘴脣顫抖，就代表他很緊張或備感壓力。

清喉嚨：說謊者有時會清喉嚨。戰鬥或逃跑反應會讓人很想清喉嚨，因為此時喉嚨裡的水分會跑進皮膚，強化生存能力。

說謊者的「手語」

摸臉：多年來，大家都認為摸臉跟欺騙有關。但也有其他證據顯示，無論一個人誠實與否，他在約談時都會摸自己的臉。因此，摸臉的動作，必須連同其他非言語行為一起評估。

摸脖子：觸碰頸部通常表示這個人很困擾、心煩或憂慮。說謊的嫌犯被問及困難的問題時，通常都會摸脖子。

摸臉頰：摸臉頰或摸下巴，都代表這個人正在評估打算。但一個人假如用手掌托住下巴，比較可能是他很無聊。

碰觸胸膛：說話時摸胸口，表示說話者承諾自己說的話。從這種姿勢可以看出這個人是誠實的。

遮住胸骨上切跡：胸骨上切跡（Suprasternal Notch）是喉嚨底部的凹陷，也是身體的要害之一。如果說謊者感到威脅，有時會用手遮住胸骨上切跡，對抗真實、或感覺上的威脅。

手掌朝上：手掌朝上的姿勢通常代表開放，意味著約談對象沒有隱瞞事情。此動作大都代表誠實。

十指交握：雙手緊握且十指交錯，是一種沮喪的姿勢。人在坐著的時候，十指交錯有兩種形式：雙手抬高到臉部前方、手肘放在桌上；或是雙手放在桌上。站著的時候，交錯的手指通常會懸在身體前方。交錯的手指抬得越高，代表這個人的心情越差。

似笑非笑：似笑非笑表示這個人有壓力，這種表情在說謊時很常出現。

手臂橫在胸前：將一隻或兩隻手臂橫在胸前，表示這個人很不安、退縮。人出現這個姿勢之後，通常會把頭轉開，或是將腳尖指向出口。

雙手放在扶手上：身體前傾、雙手握住椅子的扶手，表示他很想離開，或者感到不安。

用手比劃：描述動作時，誠實的人通常會用手勢輔助說明，或乾脆演一遍給對方看；而說謊的人就無法演出自己的說詞。但是，說謊者通常會在謊言中參雜幾句實話，所以對方就算用手勢說明，也不代表他一定誠實。

撫慰姿勢：撫慰姿勢包括撫摸頭髮、臉部、嘴脣、脖子、大腿與其他身體部位。說謊者會利用撫慰姿勢，讓自己冷靜。

永遠難掩緊張的腿

打理自己：偵訊中出現修飾打扮的動作，例如在談話期間清掉衣服上的線頭，表示他很無聊、無動於衷或表現出不敬的態度。

翹腳：雙腿交叉是一種阻擋姿勢，表示這個人很不安。如果腳翹起來還一直踢，就表示他不喜歡目前的問題或話題。

腳尖的指向：被約談者若是情緒安穩，腳尖應該會指向調查員。若腳尖指向出口，就表示他現在很不安。

緊張的腿：一個人雙腿發抖，可能表示他有壓力，或很緊張、不安、焦慮、想要逃走。

塔狀手勢：若有人比出尖塔型手勢（雙手指尖相觸，比出類似教堂尖塔的形狀），表示他很有自信與把握，有時還帶了幾分傲慢。被訊問者也可能在調查員面前比出尖塔型手勢，當成一種阻擋機制，令調查員難以攻破。若約談對象的尖塔型手勢是往下指，表示他很有自信，但對調查員抱有敬意。

強調姿勢：反抗重力的姿勢，例如翹起腳趾與挑眉，都是用來強調自己說的話。說謊者鮮少使用強調姿勢，因為他們不敢承諾自己的供詞。反觀說實話的人，通常都會使用強調姿勢，例如碰觸與指點。

身體傾斜的角度：人們通常會靠向自己覺得舒服的人。如果覺得不舒服，人們會遠離他們不喜歡的人，或身體往出口的方向傾斜。

姿勢：說實話的人，會在肢體上展現出坦然的態度。一個人若是展現出越多身體的正面，就表示他越安心。敞開雙臂、手掌朝上，都是常見的開放姿勢。如果一個人雙臂交叉、把身體轉開，或是用錢包、水壺、桌上的物品、甚至衣服來阻擋調查員，你就能合理推斷，他對這個處境或談話感到不安。人只要感到害怕、不安、被威脅，或是正在說謊，他們通常都會設下屏障來保護自己。

第一眼

說謊者聽到問題或陳述的那一瞬間，如果心生焦慮，通常都會洩露出真實反應。「第一眼」（The First Look）很重要，有可能是警官的唯一機會，能看到對方的真實感受與反應；而這在交通警察臨檢時最有效。警察在觀察駕駛時應該自問：「我該仔細檢查這個人，還是不用擔心他？」而駕駛給警察的第一印象，通常都是正確的。

「可以再說一次嗎？」（好讓我掰得出謊話）

認知負荷會讓大腦專注在一個問題、議題或記憶上，而排除其他思考。一個人聽到關鍵問題時，如果表情突然改變，就表示這個問題對他產生了認知負荷，所以他要更深入思考這個問題。約談對象聽到這種問題時會回應：「請你再重複一次好嗎？」這樣他就能爭取時間，在腦中模擬回答。

第 11 章

凡說謊必留下語病

說謊者被懷疑時，
會以為他們的說詞缺乏可信度，
因此會更加努力說服別人他們說的是實話。
但當他們越是努力想操縱別人，
就越容易犯錯。

說謊者當然知道真相，但他一定會扭曲事實，讓自己供出的事件版本更逼真。說謊者的言語會出現較多遲疑與錯誤，而且音調比較高，回答問題需要較多時間，說話時也較常停頓。而誠實的人因不需要額外的時間改編事實，回答問題就不會像說謊者花那麼多時間。

說謊者必須重組句子來傳達相反的意思，還得決定如何呈現變更後的供詞、評估別人會怎麼看待這些供詞，因此他們回答問題前會有所遲疑。此外，說謊者必須替自己貼上合適的情緒標籤（emotional tag），但這個步驟經常被調查員忽略。

為了提高謊言的辨識率，必須先獲得一組未說謊時的表現當基準，並比較一組言語和非言語表現。**任何與基準偏差的行為可能代表對方並未說真話，但這並不總是準確**。最佳的辨別方式是比對獲取的信息與已知事實，但現實中這個方法並非每次都可行。大多數人還是要仰賴言語和非言語的線索來判斷。

以下的語言線索可能暗示欺騙：

- 回答沒有被問及的問題。
- 用問題回答問題。
- 不會自我糾正，以避免給人留下對自己所說的話不確定的印象。
- 假裝記憶喪失，說：「我不記得了。」和「我想不起來了。」
- **講述自己沒有做過的事，而不是講述自己做過的事**。

- 在無需解釋的情況下，為自己的行為辯護。
- 在敘述事件時不描述自己的感覺。
- 準確描述具體的時間和日期，來證明他們不可能犯下所謂的罪行。
- 要求對方重複或澄清問題。
- 表達不真實的情感。
- 使用較少的字詞來描述事件或活動。
- 在描述事件或活動時傾向於使用被動語言。

相反的，**誠實的人會表現出以下語言線索：**

- 從過去的經驗中學習。
- 承認自己所犯的錯誤。
- 在描述事件時常常會加入對話。
- 講述事件和活動的內容，但不會提供精確的時間和日期。
- 描述事件和活動，但這些內容往往缺乏一致的結構。
- 提及發生過的異常或意外事件。
- 在講述事件或活動時，包含感官訊息，例如他們當時聞到了什麼氣味。

再次強調，在使用這些或其他言語，和非言語線索來識別謊言時，應謹慎行事，因為研究人員尚未確定能夠準確識別欺騙行為的單一言語或非言語線索。更重要的是，**說謊者有時會表現出一些讓他們看起來像是誠實的行為，而誠實的人有時也會因為表達方式，讓他們看起來像在說謊**。識別欺騙是可能的，但並不容易。

越大聲代表越心虛

說謊者試圖說服別人，但誠實的人只會傳達事實。誠實的人受到錯誤指控時會採取攻勢；反觀說謊者面臨對質的時候，傾向採取守勢。但使用這個一般法則時要小心，因為說謊者傳達訊息時，通常會用喊的，確保調查員受其影響。

多疑是好事

說謊者被懷疑時，會認為自己的供詞缺乏可信度。結果他會更努力說服調查員，說自己的供詞是真的；這麼做反而更容易犯錯。然而，說謊者只要經過充分練習，其言語與非言語行為就能夠近似於誠實的人。

你的鼓勵訊號與制止訊號

如果被訊問者做出你想看到的行為，那就以言語或肢體的訊息傳達鼓勵的信號。被約談者在這段期間都很配合，你可以增加點頭、報以微笑的頻率，還有稍微將身體往前傾。

若對方做出不合作的行為，你也可以用言語、非言語訊息提醒他。比如，被訊問者反抗，你可以沉默、減少鼓勵動作、表情轉為嚴肅，身體往後靠。

若要傳遞更強烈的指責暗示，你可以雙臂交叉或翹腳。

說謊者難掩的語病

編織謊言最快、最簡單的方法，就是將一句肯定的說法改為否定。例如問題是：「你有偷錢嗎？」對方回答：「沒有，我沒偷錢。」有罪的人會回答得很快，以免讓人發現反應遲疑，因為反應遲疑也是欺騙常見的徵兆。此類伎倆還有一種衍生變化型，就是一個人先回答「有」或「沒有」，但過了很久才解釋，因為說謊的人需要時間編答案。

動詞的時態：一個人如果改變動詞的時態，那他有可能在說謊。當人**說實話，會回想過**

去發生的事件，並且用過去式動詞提到這些事件。說謊的人為了扭曲真相，就得在腦海裡用現在式動詞重現事件，並且省略顯示自己有罪的資訊。

接下來，這個以「現在式」思考捏造的事件，就必須轉換為過去式的陳述，好讓聽者相信此事件於約談之前發生。大多數情況下，這種做法都會成功，但並非萬無一失。調查員應要多留意對方的動詞時態變化，因為這代表對方描述的事件，是此時虛構出來的，而不是過去發生的真實事件。

另一個理論假設，說謊者會利用現在式，使談話內容聚焦於現在，而不是過去的事件——這也是說謊者不想提到的。約談對象若是專注於現在，過去式動詞自然就用得少。以下節錄自某店員的供詞，這名店員涉嫌偷竊：

> 十點左右，我關上（closed）收銀機。我把收銀機的抽屜拿到（took）後面的辦公室，清點（count）發票。我看到（see）六張一百美元的鈔票，於是我把鈔票放進（place）錢袋裡，把袋子封好（sealed），扔進（dropped）保險箱裡，然後回家。

以上這段敘述中，店員開始**使用現在式**（按：清點、看到、放進。其他皆為過去式）的部分，**可能就是他下手行竊之時**。因此這個案子的調查重點，就是店員待在辦公室的期間。

被動語態：說謊者較常使用被動語態。主動語態比較強調主詞，例如「約翰在搶銀行的時候殺了出納員」，聽起來約翰是主動殺死出納員的。被動語態則會讓人覺得主詞受到動詞影響。例如「出納員被約翰殺死」，就是出納員受到約翰的動作影響，所以這句話在強調出納員，而非約翰。當嫌犯被問及是否做了某件事，被動語態會讓他心理上比較事不關己。但要注意的是，使用被動語態並不一定是說謊。

比方說，約翰在家裡被殺害，警察審訊他的妻子時，妻子所說的「約翰是被某人射殺的」，這句話的被動語態，或許代表妻子想迴避丈夫被殺的事實，因為她覺得自己有責任、很愛老公，所以想逃避痛楚、甚至老公受害的現實。

過去未來式

過去未來式是用來表達「過去的某人覺得未來會發生」的事情，但不一定符合實際。說謊的人通常會用過去未來式掩飾自己的謊言。說謊者在敘述自己的故事時，會讓自己重回現場，再描述當時的他「可能」做了什麼事——但不是他「真正」做過的事。過去未來式會讓人以為他說實話，但他其實在說謊。以下是一段使用過去未來式的證詞。

調查員：「請告訴我，車禍發生之前你在做什麼？」

駕駛：「當時我在大街上開車往北前進。我想去逛超市，因此必須換車道。**我想我應該**

是先看了後照鏡、回頭檢查過視線死角、打了方向燈之後才變換車道的。然後那輛車就撞到我了。」

駕駛並沒有說出自己做了什麼事，而是**說自己在類似情況下，「應該」會做什麼事**。駕駛想讓調查員以為他看了後照鏡、回頭檢查過後方死角、打方向燈之後才換車道。但事實上，駕駛並沒有真的這麼做；他只是描述自己應該做了這些事。駕駛把自己說成是安全的切換車道，所以車禍該歸咎於另一位駕駛。

駕駛先用過去式讓自己回到現場，再以「應該」來描述自己當時可能做過的事情，把這些事當成真正發生過。換句話說，駕駛先猜測了一下，自己當時可能做了什麼事，然後以自己做過這些事為前提來描述車禍。這就是在騙人。調查員並沒有問駕駛可能做了什麼事，而是問他「真正」做過什麼。假如駕駛真的做過這些事，他在描述車禍的時候就完全不需要亂猜了。

若想駁倒過去未來式，調查員應該先察覺對方使用過去未來式，再回答他：「我沒有問你可能做了什麼，而是問你真正做過的事。所以？」

這次案例的過去未來式欺騙技巧，有一項特點：駕駛說的是實話。因為他當時可能真的

「想要」做那些事，你無法基於對方是在說謊的前提來反駁他。所以過去未來式是說謊者的煙霧彈。

小小贅字，戳破天大謊言

我們在日常交談時會忽略贅字，但它或許能戳破謊言。一個人說「嗯」和「啊」，表示他可能有認知負荷，而說謊者的認知負荷比較重。至於「你也知道」、「我是說」、「沒錯吧？」這類口頭禪，是用來確認、傳達訊息，或說服對方。誠實的人會傳達資訊給對方，而且希望對方確認這項資訊；說謊者則試圖說服對方相信，自己說的是實話。如果一個人說「就像……」表示他說的話違背意思。

這個方法就跟所有測謊指標一樣，必須建立基準。趁對方不需要說謊的時候，觀察他的言語回應；當你懷疑他說謊時，再以這個說話模式基準來比對。不過，雖然測謊的指標很多，卻沒有任何線索能夠一口咬定對方說謊；只能說，你觀察到越多撒謊指標，對方說謊的機率就越大。

「嗯」與「啊」：這兩個嘆詞屬於一種遲疑的語氣。說謊者需要時間評估自己的答案，才能確保對方相信自己的謊言。此外，說謊者也需要時間找出適當字句。而誠實的人不需要多餘的時間來傳達資訊，他們會用平順且合乎邏輯的說法來陳述資訊。

「嗯」和「啊」講得越多，表示認知負荷越重。既然說謊者**需要更多的時間處理資訊**，他們就常會說出這兩個字；而且「嗯」的遲疑時間比「啊」還要長，所以「嗯」更能透露對方說謊。

「你也知道」：發言者會說「你也知道」，來確定對方了解自己說的話。「你也知道」也會讓發言者與對方的聯繫更親密。換句話說，發言者會縮短與對方之間的心理距離，確保自己的訊息有被接收與正確理解。人們傾向於接近自己喜愛的人與事物，因此，誠實的人在陳述故事的時候，會很自在的提到別人，因為他們沒什麼好隱瞞的。

「沒錯吧」：這個口頭禪是希望對方能投入對話。發言者想確認對方理解自己的訊息。這三個字就跟「你也知道」一樣，都能拉近發言者與對方的距離。此外，「沒錯吧」也是在請求對方答覆，如果發言者講完一件事之後說「沒錯吧」，是希望對方能表示意見。

對方若點頭就表示自己接受這個訊息；如果對方不同意發言者，「沒錯吧」也能勸對方提出其反面意見。誠實的人不害怕反面意見；反之，說謊者鮮少勸對方提出反面意見，因為他怕反面意見會揭穿自己的謊言。**說謊的人通常會盡力避免鼓勵反面意見**的說詞，這樣他們就能拉開與另一個人的心理距離。

「我是說」：這個詞表示自己說的話不容改變。為了維持誠實的假面具，說謊者會藉由「我是說」來阻擋反面意見、想法。「我是說」會**拉開發言者與對方的心理距離**。當一個人把其他人或事物當成潛在威脅，就會遠離他們；而說謊者擔心被調查員逮到，所以他通常會拉開雙方之間的心理距離。

「就像」：一個人在談話中說到這個詞，就表示他說的話與他的意思不符。因為真相只有一個，絕對不會「像」其他事情。任何事情只要不是真相，就是謊言。

贅字可以用來分辨謊話，但你要謹慎為之，因為有些人的贅字就只是口頭禪而已。一個人在平常對話時，幾乎是下意識講出這些字。因此，千萬別低估了設立基準的重要性。一旦你設立好基準，任何偏離基準的言辭都有可能是說謊。

「這樣／那樣」的陷阱：可以將修飾詞視為辨別謊言用的警訊。例如「這樣／那樣」陷阱（This / That Trap），就是既簡單又不唐突的辨識方法。只要替謊話加幾個修飾詞，就能讓人信以為真，而修飾詞包括「這樣」、「那樣」、「這些」、「那些」與「雖然」等。

如果說謊者能夠省略特定行動，或將它加到其他正確陳述中，他就能利用修飾詞來誠實回答問題。說謊者或許做過這件事，但並非完全符合其描述。說謊者只要加入修飾詞，就能說出部分真相，但不是全部。

修飾詞有個獨特的特性，就是成對。如果有「那樣」，就一定有「這樣」。「那樣」必須以「這樣」為前提，其意義才會完整。簡單來說，沒有「那樣」，你就不可能有「這樣」。人如果要說「我沒做那件事」，他一定得先知道自己做了什麼。同樣的道理，如果有「這些」，就一定有「那些」。

二〇〇三年一月二十八日，黛安．索耶（Diane Sawyer）在新聞節目《早安美國》（*Good Morning America*）中，訪問史考特．皮特森（Scott Peterson）。皮特森的妻子蕾西（Laci）懷孕八個月，在加州郊區莫德斯托（Modesto）失蹤。《早安美國》訪問皮特森的時候，蕾西已失蹤了一個月左右。皮特森假惺惺的現身於《早安美國》，祈求蕾西能夠平安歸來。以下是訪談的一段節錄，可以看出皮特森如何使用修飾詞。

索耶：「坐在電視機前的觀眾都想知道，你是因為外遇，所以想擺脫你太太與孩子的糾纏？或者你只是跟太太大吵一架而已？」

皮特森：「事情不是妳講的那樣。就……就這麼簡單。」

皮特森用了「那樣」當修飾詞，所以當索耶問他，是否因為前述那兩個理由殺害蕾西，他可以誠實回答「不是那些」。他沒有否認自己殺了蕾西，只否認了索耶提出的理由；這表示他有別的理由殺害蕾西。

皮特森如果知道，索耶提出的理由並非真正的理由，那他一定早就知道真正的理由了。人如果要說自己沒做某件事，那他一定知道自己做了什麼。如果沒有做了什麼，就不可能知道自己沒做什麼。主持人索耶如果要「收網」，她應該繼續問：「假如我剛才說的不是你殺死蕾西的理由，那你殺死蕾西的理由是什麼？」如果皮特森不想透露自己殺害蕾西的理由，他就只能回答「我不知道」。

皮特森只要說出「我不知道」，索耶就可以回這句話：「你說你不知道自己殺害蕾西的理由，既然這樣，那你殺她的理由，就可能是我提到的那些囉？」只要皮特森說他不知道自己殺害蕾西的理由，就會使每個理由都很合理。雖然皮特森也可能回答：「我沒有理由要殺害蕾西，因為我根本沒殺她。」但這句回答不合邏輯，因為他剛才已經不小心承認殺妻動機存在，只是還沒有人說中而已；假如皮特森在索耶提問時就立刻這麼回答，那才合乎邏輯。

一起女學生姦殺案中的主嫌，被警方找來約談。嫌犯在一場派對上遇到受害者，當時被害人幾乎醉得不省人事。

當時也在場的目擊者看到，嫌犯將被害人推向樓梯、用身體將她壓在下方，並試圖強吻她。當天稍晚，被害人昏迷在沙發上。大約凌晨一點，目擊者看見嫌犯將被害人搖醒、並陪她走回她的宿舍。根據警方目前蒐集到的線索，嫌犯是女學生受害前，最後一個見面的人。

調查員：「好吧，我們再回顧一下那場派對。派對上有某個人……應該不只一個人，而是有四、五個人都告訴我們，他們看到你想親她。事實上，他們是在派對場地的走廊上，看到你想這麼做。你還記得當時怎麼了嗎？」

嫌犯：「我從來就沒有……我不記得做過那樣的事。」

圖表11-1　贅字的弦外之音

言語回應線索	因為	推論
「嗯」或「啊」	需要更多的時間處理資訊。	發言者說謊。
「你也知道」	縮短與對方之間的心理距離。	沒什麼好隱瞞的。 發言者誠實。
「沒錯吧？」	想確認對方理解自己的訊息。	說謊的人通常會避免鼓勵反面意見。 發言者誠實。
「我是說」	拉開發言者與對方的心理距離。	把其他人或事物當成潛在威脅。 發言者說謊。
「就像……」	發言者說的話與他的意思不符。	發言者說謊。
「這樣」或「那樣」	做過這件事，但並非完全符合他所描述的。	只說出部分真相。 不完全誠實。

嫌犯用了「那樣」作為修飾詞，表示事發經過不符合調查員的描述。**嫌犯藉由「那樣」兩個字，使自己的答覆成為實話**。此時調查員應該接著問：「那你記得自己做了什麼嗎？」

介詞

說謊的人鮮少使用介詞或介詞片語。使用介詞需要更多認知處理（cognitive processing）。說謊者會把認知處理集中於圓謊，所以他們傾向於使用較不複雜的文法結構。

一位女士 vs. 這位女士

冠詞「一位／一部／一把」代表一個非特定人物、地點或事物（例如車子、槍）。發言者如果說「一位女士」，表示他還不認識這位女士。冠詞「這位／這部／這把」則是代表發言者已知的一位特定人物、地點或事物。發言者如果說「這位女士」，就表示他認識對方。

冠詞在強暴案中可能舉足輕重，比方說，「一個男人強暴我」這句話，跟「這個男人強暴我」是截然不同的；前者表示她不認識那個男人，後者表示她之前就認識那個男人，可能不久前才在某個場合碰頭，或距離第一次見面已有一段時日。

冠詞也能暗示數量。「我從車上拿出一把槍」這句話，暗示車子裡可能不只一把槍。如果是「我從車上拿出這把槍」，就表示車子裡可能只有一把槍。

代名詞背後的玄機

代名詞是強大的工具，能證明證詞的真實性也可揭穿謊言。

「我們」：這個代名詞**表示兩人彼此認識**。在某起強暴案中，被害人寫：「我們走進巷子，然後他強暴我。」

此外，「我們」這個代名詞，表示被害人是自願與被指控性侵的嫌犯走進巷子，因此被害人可能認識這名嫌犯。

代名詞「我們」也能用來判斷一段關係的親密度。一位被約談者寫：「瑪莉和我一起走進餐廳，吃完午餐後我們一起回公司上班。」這段陳述間接表明，在餐廳的那段時間裡，一定發生某件事會讓被約談者覺得，他跟瑪莉的關係變更親密了。

「我的」：此代名詞表示發言者擁有某事物。說謊的人很少會用「我的」來描述作案手法，或與罪案相關的事物。例如在某次間諜調查中，約談對象供稱：「我從後車廂拿出我的無線電、我的錄音機、我的錄音帶、筆記型電腦。」約談對象似乎不想跟筆記型電腦扯上關係，於是調查員就以此為假設，跟嫌犯說：「我已經知道你用筆記型電腦非法下載機密資訊。」對方以為調查員知道一切事實，就全部招供了。

感嘆詞：誠實的人會用「喔」、「是啊」、「嗯」之類的感嘆詞來表示，自己突然出現某個想法，或記起很久以前發生的事。說謊的人使用感嘆詞是為了爭取時間，評估該怎麼回答問題，或編出能說服聽者的答案。

說話風格騙不了人

說謊者聽到直接的問題，通常不會直接回答。間接的答案通常包含這類說詞：「我媽媽教我永遠都要說實話」、「我不是那種會說謊的人」、「這問題問得真好」、「我才不會做這種事」或「我是信仰虔誠的人」；其他說詞像是「我就打開天窗說亮話吧……」、「老實說……」、「我就全招了吧……」或「我永遠都說實話」……通常都是想欺騙對方。

語氣中斷：如果約談對象說出「啊」、「呃」、「嗯」之類的贅字，卻沒有合理解釋，而且說話模式與行為基準不同的話，他就有可能在說謊。

簡略句：說謊的人通常會避免使用簡略句。比方說，誠實的人通常會說「我不在那裡」，但說謊者就會把句子拉長：「我並沒有在那裡」，尤其強調「並沒有」。不過，也有些證據指出，誠實的人為了說服多疑的調查員，也會把句子拉長。

音調：一般來說，說謊者在騙人的時候，音調會提高；但是有些人會降低音調。如果想判斷約談對象的音調變化，最好是在與他打好關係的談話階段中，就同時確定音調基準。

不斷解釋細節：敘述事件的時候，誠實的人會比說謊者提到更多細節。但請別把「細節」跟「與事件無關的資訊」搞混。無關的資訊反而像在說謊。

負面影響：誠實的人在描述自己的事情時，除了談到正面影響也會提到負面影響，說謊者則鮮少提到負面的細節。

跳躍式說法（文字橋）：多數的說謊者，一開始會先說實話，等到話題來到他們意圖隱瞞的資訊，他們會跳過這段資訊不講，然後說不太重要的實話。高明的說謊者會建構句子，並且使故事更逼真。組句子「跨」過這段資訊空白，就像建一座橫跨河流兩岸的橋。

橋有好幾種設計，但每種設計都必須遵守工程標準，否則結構就會有缺陷。同理，建構的句子也必須遵守一些文法。只要將填補資訊空白的字句或者語法獨立出來，就能找到對方掩蓋的資訊。**用來填補資訊空白的語法稱為「文字橋」**（Text Bridges），是尋找隱瞞資訊的指標。但隱瞞資訊不等於對方說謊。

文字橋讓人可以改變話題，卻不必詳述冗長、不重要的動作。例如在「我起床，然後淋浴，接著吃早餐。」這句話當中，「然後」與「接著」都是文字橋，它們隱藏了一些資訊。可是隱瞞這些資訊不算是騙人，因為說的人是想避免聽者無聊，而不詳述淋浴或吃早餐的瑣碎動作。

省略不提的動作，包括打開水龍頭、抹肥皂、沖洗、擦乾身體、穿上衣服、走進廚房、從櫥櫃拿出一個碗、把麥片倒進碗裡、打開冰箱拿牛奶等。然而，在約談或審問的關鍵時刻，對方如果使用文字橋，那他可能在說謊。調查員應仔細評估遺漏資訊的潛在價值。若調查員認定遺漏資訊沒有價值，那他就可以忽視文字橋。

最常見的文字橋用語是，「然後」、「所以」、「之後」、「那時」、「正當……」、「接下來」等連接詞。調查員只要熟記這些可能的文字橋，就能辨識出被訊問者在約談中保留了什麼資訊沒說。接下來的實例示範了，被約談者如何使用文字橋。

一位學生被指控說，在第一節課的下課時間、從教授辦公室偷走了二十美元。根據非正式的調查，這位學生寫下一段陳述，說明她從走進大樓到第二節上課鐘響前的這段時間裡做了什麼：

早上七點四十五分，我與珍娜進到教室，把包包放在我的桌上，然後我跟珍娜就去點心區喝咖啡。八點五十分下課，我與珍娜一起去上廁所。之後我先回教室，珍娜還待在廁所裡，但她不久後也回到教室。我們坐下來等上課。

這段敘述的關鍵時間，在於第一堂課下課，亦即二十美元被偷的時候。而這段敘述中，提到下課的地方是：「八點五十分下課，我跟珍娜去上廁所。之後我先回教室，珍娜還待在廁所裡，但她不久後也回到教室。」這位學生**把「之後」當作文字橋**，在她去上廁所與回教室之間那段時間，**創造出資訊空白**；而這段空白，掩飾了她去教授辦公室偷二十美元的那段期間。經過一次「微觀行動審訊」（Micro-action Interview，詳見第二三一頁）之後，學生終於承認偷錢。

這位學生利用文字橋「之後」來隱瞞事實：她去上廁所，接著在回教室之前，她沿著走廊走到教授辦公室，偷走二十美元。這位學生使用文字橋、試圖誤導調查員；**調查員是希望她寫下自己的行動，而非珍娜的**，但她卻特別強調珍娜去哪、有什麼行為，希望藉此填補她避而不談的偷錢時刻。

文字橋不一定代表說謊，說謊者與誠實的人都會使用文字橋，它只能顯示出資訊有遺漏。所以調查員必須判斷，遺漏的資訊是否有價值；而關鍵時刻若是出現資訊遺漏，一定要追問到底。至於該在採取攻勢之前取得遺漏資訊、還是之後，這由調查員自行決定。

自發性否定

人在回答開放式問題時，應該會描述自己採取的行動，而不是沒做過的事，所以當他出現自發性否定（Spontaneous Negations），就很有可能是在說謊；自發性否定並非用來回覆直接問題。比方說，你問某個人：「你有搶銀行嗎？」說謊者與誠實的人都會說：「不，我沒有搶銀行。」但是當一個人在回答開放式問題時，出現自發性否定，調查員就能從中觀察出蛛絲馬跡、分辨真偽。尤其當約談對象在回答中合併使用文字橋，那就更明顯了。

調查員：「你在美國待了八個月，應該會抽空出去觀光吧？」

約談對象：「是啊，我去過加州、猶他州與德州，但我沒去過紐約。」

約談對象出現自發性否定「但我沒去過紐約」，反而表示很有可能他其實去過。約談對象明明還有**四十七個州沒去過，卻唯獨提到紐約**，代表這其中必有蹊蹺。自發性否定代表這個人很有可能在說謊。

語氣修飾詞

大多數人不願意直接撒謊，因此他們會在句子中加入語氣修飾詞，使句子看起來更真實。為了保持真實性，人們會使用一些不那麼果斷的詞語，減少確定性，並削弱自己和話語之間的連結強度。

語氣修飾詞通常使虛假的陳述，在某些已經確定的條件下看起來是對的。語氣修飾詞包括：大概、我想、某種、像、也許、或許、想必、大概、差不多、類似、肯定等。

語氣修飾詞還能以更微妙的形式出現，比如出現在對直接問題的簡短回答後面。約談對象希望看起來是在回答直接問題，但同時也希望在面對挑戰時能有些彈性空間。

律師經常遇到證人和被告在明顯的反駁證據面前，使用語氣修飾詞來堅稱自己說的是實話。當約談對象和證人使用語氣修飾詞時，最佳的應對方法是，要求約談對象或證人，給出他們對這些語氣修飾詞的個人定義。

以下摘錄自里奇・布萊恩特（Ritch Bryant）、蘭迪・羅哈斯（Randy Rojas）和傑西卡・科爾韋爾（Jessica Colwell）的謀殺案件審判。這些案件涉及一九九五年十一月二十五日發生在加利福尼亞州蘭卡斯特的一宗謀殺案，受害人是非裔美籍流浪漢米爾頓・沃克，他在一個空地上被殺害。

布萊恩特、羅哈斯和科爾韋爾與麥可・桑頓（Michael Thornton）都是名為Nazi Low Riders的白人至上主義幫派成員。幫派成員必須透過某些方式來獲得擁有特定紋身的資格，這些紋身能讓他們在幫派中擁有威信。

其中最多人想爭取的紋身是由兩道閃電組成的圖案。這個圖案是納粹親衛隊在二戰期間使用的符號，Nazi Low Riders幫派將這一符號改編來代表他們的信念，即白人種族優於所有其他種族。為了讓幫派成員有資格擁有這些閃電紋身，俗稱「閃電」，他們必須謀殺一名非裔美國人。

一九九五年十一月二十五日，布萊恩特、羅哈斯和桑頓決定去獲取他們的「閃電」。他們偶然遇到了在空地上睡覺的米爾頓．沃克。桑頓跑向沃克，擊打並踢了他幾次。當沃克試圖逃跑時，羅哈斯用一根兩英吋高四英吋寬的木棍擊中他的臉。沃克倒在地上，一動不動。羅哈斯又用木棍打了他十二次，直到他躺在血泊中一動也不動。隨後，攻擊者隨意走到附近的一家快餐店，清洗他們手上的血跡、衣服和鞋子。

不久後，他們遇到了科爾韋爾並告訴她，他們剛剛獲得了閃電紋身。科爾韋爾很興奮，想去看屍體。布萊恩特帶科爾韋爾回到空地。羅哈斯沒有陪他們去，因為他在一本犯罪雜誌中讀到過，犯罪分子不應該回到現場。桑頓則因為有十點的宵禁時間，不想讓母親生氣，因此沒有去。

在犯罪現場，布萊恩特檢查了沃克，發現他還有脈搏。科爾韋爾拿起附近的一根金屬管，戳進沃克的眼睛。布萊恩特拿起之前羅哈斯使用的血淋淋的木棍，擊打沃克的臉部兩次。他停止了呼吸。

布萊恩特和科爾韋爾對獲得閃電紋身感到興奮不已，他們迫不及待的走去一位紋身師的家中，叫醒他並要求立即為他們紋身。紋身師告訴他們第二天再來店裡，他會幫他們紋身。

科爾韋爾的辯護律師辯稱，在被告到達現場時，沃克已經死了，她只是打了一具屍體，這在加利福尼亞州算是輕罪。辯方僱用的法醫證人聲稱，沃克在科爾韋爾打他時已經死亡，這與現有證據相矛盾。

進一步檢視法醫證人的證詞後，發現他確實說了實話，但他說的到底是什麼實話呢？經過二十分鐘的口角爭辯，控方發現了米勒法則的價值。

控方律師：在確定死亡原因方面，您熟悉「腦死」這個術語嗎？

法醫：是的，女士。

控方律師：有人可以腦死，但仍然有心跳和呼吸嗎？

法醫：是的，女士。

控方律師：當您說沃克先生已經死了時，您指的是腦死，還是指心跳和呼吸都停止了？

法醫：我指的是我認為的臨床腦死亡。

控方律師：那麼，當您說沃克先生已經死了一個小時左右時，您指的是腦死，對嗎？

法醫：是的，女士。

控方律師：根據您的定義，沃克先生仍然有可能有心跳，但已經死了，對嗎？

法醫：是的。

控方律師：您能確定在被告打他時，沃克先生是否還有任何腦部活動嗎？

法醫：不能，但根據他的傷勢，在被告打沃克先生的時候，我推斷他的腦部已經停止運作了。

控方律師：沒有醫療設備，您能確定沃克先生在被告打他時是否完全沒有腦部活動嗎？

法醫：不能，女士。

控方律師將「死亡」定義為心臟和肺部活動的停止。法醫將死亡定義為腦部活動停止，即使心臟和肺部還在運作。如果控方律師沒有詢問證人對死亡的個人定義，真相就不會揭露出來。

推拉詞語

推拉詞語需要兩個或更多的詞語來完整定義。比如，單獨使用「樓上」無法定義，必須有「樓下」這個詞。單獨使用「熱」也無法定義，必須有「冷」這個詞。有些詞語需要超過兩個詞來解釋。「中等」這個詞必須配合「大」和「小」來說明。「溫暖」這個詞也必須藉由「熱」和「冷」來定義。

推拉詞語能為人們提供有關說話者思維過程的重要線索。例如，如果有人說：「我不記得了。」聽者可以推斷，為了不記得某事，說話者一定先記得過那件事。相同的邏輯也適用於「我想不起來」和「我忘了」這樣的回答。

以下摘錄自一場法律證詞，展示了一名律師如何識別並利用推拉詞語「直接」（straight）來進行辯護。

律師：那麼，您是晚上六點離開家的，對嗎？

駕駛員：是的。我載了我的朋友去他工作的醫院。

律師：那您什麼時候到達醫院的？

駕駛員：晚上六點二十分。

律師：那您什麼時候離開醫院的？

駕駛員：晚上六點二十二分，大概。

律師：所以您只是把朋友放下了？

駕駛員：是的，放下他後我就直接回家了。

律師：那麼事故發生在晚上七點，對吧？

駕駛員：嗯。

律師：您回家途中停了哪裡？

駕駛員：我朋友的家。

律師：所以您並不是直接回家，而是先去朋友家了？

駕駛員：是的，那是我的打算。

在這段對話中，「直接」這個推拉詞語的意思是與「中途還」或「繞路」相對。如果駕駛員真的打算直接回家，他可能會說：「是的，我把他放下後就回家了。」律師本能的識別出「直接」這個推拉詞語，並接著問了「您回家途中停了哪裡？」這個推測性問題，迫使駕駛員揭示了自己真實的意圖，即他並沒有直接回家，而是先去了朋友家。

詞語回音

「詞語回音」技巧在訪談中用來鼓勵約談對象繼續說話並提供更多資訊。其方法是，在對方暫停並需要一些鼓勵時，重複他或她最後所說的一、兩個詞，以促使對話繼續進行。

採用拖延之計

要求重複問題：說謊者通常會要求調查員複述問題，殊不知坦白誠實的人不會有這種要求。證人、嫌犯需要調查員重述問題的這段時間，來臨時編出一個可信的答案。

拖延用語：以下答覆能夠替說謊者爭取時間、構思答案：「你的意思是」、「你從哪聽來的」、「這個問題問得好」、「你的資訊是從哪來的」、「你可以說得更具體嗎」、「嗯……這件事並不是單純的是非題」。

假裝喪失記憶：人們會忘記生活當中的瑣事，但絕對不會忘記重大事件。所以「我不記得」、「我想不起來」、「我記得不是很清楚」之類的回答，都有可能是在說謊。一個人若是真的記不得，必然得先回想那些已忘記的事，而誠實之人的答案通常是「我不知道」。

不給你骨頭，只給你狗餅乾

嫌犯通常會供認小部分案情，而且經常提出別的解釋，讓調查員以為嫌犯完全招供了。調查員應該要進一步追問才能知道：嫌犯承認輕罪，是想掩飾他其實涉案更深嗎？

真心話大冒險

知道某人是否說真話與識破謊言同樣重要，因為誠實的表徵往往被欺瞞線索掩蓋。大多數人更關注欺騙的跡象，但誠實的指標可以提供寶貴的洞察力，以判斷他人的真實性。以下是十種表現出誠實的行為：

1. **引用對話：**誠實的人會直接引用他們描述的對象所說的話。
2. **包含情緒：**誠實的人在描述人物或事件時，通常會表達自身的想法和情感。

3. **意想不到的事件或情境：**在敘述捏造的故事時，較少包含過程中意外出現的事件或特殊情境。
4. **修正錯誤：**當誠實的人犯錯時，他們會自發的修正自己的陳述。
5. **時間省略：**誠實的人在描述事件時，往往不會特別強調具體的時間和地點。
6. **經驗與教訓：**誠實的人會提及過去類似的經歷，並將從中學到的教訓融入對事件的描述中。
7. **較長的描述：誠實的故事通常更長、更具層次感**，並包含具體細節。
8. **第一人稱／過去簡單式：**使用第一人稱代詞並搭配過去簡單式動詞，表明說話者對所描述的行為有真實的參與，並且是從記憶中回憶資訊。
9. **非連貫細節：**誠實的人會提及與主要事件無關的細節或情節。
10. **聳肩與掌心向上：**誠實的人在表達時，會有均勻的聳肩動作，並同時搭配著掌心向上的手勢。

刪去法：目擊證人在看照片或指認犯人時的言論，能夠顯示出其指認的可信度。正確指認出嫌犯的目擊者，會說出這樣的話：「對！就是這張臉！」而指認錯誤的目擊者，會使用刪去法，他們會說：「我比對了照片的差異來縮小可能範圍。」這種指認只能提供調查員一個參考指標，決定是否該繼續追問目擊證人。

測試不在場證明

調查員可以向嫌犯提出一個複雜的問題，以檢驗其不在場證明。如果對方說實話，這個問題就只是在確認他的供詞而已；但假如嫌犯在說謊，就必須有所決定：該同意你的說法，還是反駁？

調查員：「你剛才說你整晚都待在『星光俱樂部』，所以不可能犯案。我找不到人能證明你在那裡，所以我查看了警察的記事本，看看那天晚上發生過什麼事，如果你能說出這件事，就表示你真的待在俱樂部。

「算你運氣好，罪案發生的同時，俱樂部真的發生了一件事。所以請你告訴我那一天發生了什麼事，我就把你排除在主嫌之外。」

如果被約談者要求更多資訊，調查員可以編一個故事，說俱樂部有人打架，再問對方：「現場有人打架的時候你在幹麼？」如果他質疑你，你可以拿出俱樂部的名片說：「我親自去問了店員，他們說打架現場是在入口處。」此時被約談者應該會編故事，說自己坐的位置看不到他們打架。無論如何，調查員提出的問題，都足以證明約談對象在說謊。

畫作比口語更能識破謊言

在尋找更有效的方法來識破謊言時，研究人員轉向了繪圖與素描技術。這種方法能夠避開語言障礙的限制，減少對口譯員的依賴，從而降低因誤解或翻譯錯誤而遺漏資訊的風險。此外，**繪圖與素描對訪談者或口譯員的依賴程度較低，使資訊能夠更加準確的呈現**。

要求約談對象繪製與空間定位相關的圖像，能夠增加其認知負荷，因為這是一個未預期的請求。**說謊者很少會在編造謊言時事先準備空間資訊**，因此當被要求回答與空間相關的問題時，他們的回答往往缺乏準確的細節。

相較之下，誠實的敘述者因為真實經歷過事件，其記憶中自然包含空間資訊，能夠準確的描繪物體的相對位置。因此，說謊者在繪圖時通常會使用較少的細節，而誠實的人則能提供一致且具體的空間描述，展現較高的認知靈活性。此外，說謊者的圖畫中更可能包含不相關的物件。

弗里（Vrij）等人，在二〇一八年使用繪圖技術來區分誠實者與說謊者，結果發現透過**繪圖能夠準確分類八〇%的誠實者與八七%的說謊者**。要求約談對象繪製事件或活動的圖像，能夠迫使他們以直接視角呈現資訊；相較之下，透過書面或口述方式回憶事件時，約談對象較容易避免提供直接的空間資訊。

例如，一個人可以口頭描述房間內的桌子，卻不提供其具體位置；但若要求其繪製圖像，則無法避開空間資訊。因此，繪圖能夠誘發更多細節，讓訪談者獲取透過標準敘述方式難以取得的資訊。

萊因斯（Leins）等人，在二〇一一年成功運用素描技術來區分說謊者與誠實者。他們將研究結果歸因於說謊者難以建構空間資訊，例如物體的具體位置。真實經歷過的事件記憶中自然包含空間資訊，而說謊者由於未曾經歷過事件，其對物體空間資訊的描述相比誠實者更加缺乏細節。

當誠實者回憶事件時，他們能夠檢索並一致的報告空間資訊，展現出較高的認知靈活性。繪圖與素描這種方式顯示出作為一種跨文化欺瞞偵測技術的潛力。

捏造虛假資訊

捏造虛假身分或地址的人通常會遵循某些特定模式。例如，假造的姓名通常取自約談對象的親屬、朋友或熟人。他們也可能會顛倒姓名，例如將Tracy Lawrence改為Lawrence Tracy。

在捏造地址時，街道號碼的改變一般不會超過兩個數字。例如，44335 Foxton Avenue可能會被改為335 Foxton Avenue。此外，街道名稱可能會被縮短，例如Apple Orchard Road可能變為Orchard Road。

約談對象也可能改變街道類型的標示，例如Old Orchard Road可能變為Old Orchard Way，或者改變街道方向標示，例如120 North Clay可能變為120 South Clay。

這些常見的方法之所以被採用，是因為人在壓力下會傾向做出簡單的變化，使其顯得更為自然與即興。

窮人測謊器

調查員進行例行審訊時，很少有機會真的拿出測謊器來用。而「窮人測謊器」（Poor Man's Polygraph）是一套提升測謊準確度的技巧。說謊者會將大部分（甚至全部）的認知處理能力用在圓謊上。說謊者必須記住自己說了什麼、沒說什麼；他們必須控制自己的回話與非言語行為，才不會穿幫。

此外，說謊者也必須觀察對方的言語回覆與非言語行為，確保對方相信他的謊言。說謊者的心思被占滿了；假如這個謊言造成的後果很嚴重，那更是如此。**窮人測謊器的目標，就是讓說謊者的思考能力不堪負荷**。

說謊者聽到需要思考的問題時，通常會遲疑一段時間來編出合適的答案。如果他們腦中忙著圓謊，就沒處理新資訊的餘力。大腦如果忙不過來，處理事情就會比較隨便。當說謊者被迫給一個答案，他會自動從對方提出的選項中挑一個。

窮人測謊器的提問，是設計來造成認知負荷過重，或逼迫對方答出一個選項。誠實的人不會有認知負荷過重的情況，他能輕鬆回答需要思考的問題；就算面對強迫選擇式的問題，他還是能透過充分的認知處理，答出選項以外的答案。

窮人測謊器並非百分之百準確，但調查員能藉此衡量供詞有幾分真實。窮人測謊器是由接下來將介紹的提問與技巧構成。**調查員不能連續向對方使用這些提問與技巧**，而是要讓這些問句穿插在整個談話中，以免被對方察覺。

我為什麼要相信你：當約談對象否認，這時調查員應該問他：「我為什麼要相信你？」如果他回答「因為我說的是實話」，或其他類似的意思，那他應該就是說實話。如果他不是這樣回答，調查員就應該追問。誠實的人通常會說「因為我說的是實話」之類的話，而說謊者很難回「因為我說的是實話」，只好講出其他答案。

以下是美國海關及邊境保衛局（Custom and Border Protection，以下簡稱CBP）的警官與一位飛機乘客的對話，從這個例子可看出，警官如何使用「我為什麼要相信你？」的技巧。

CBP警官：「你的皮箱裡有放違禁品嗎？」

飛機乘客：「沒有。」

CBP警官：「先生，信不信由你，有些人會對CBP警官說謊，而且我又不認識你，我為什麼要相信你？」

飛機乘客：「那我為什麼要說謊？」

CBP警官：「先生，我沒有問你為什麼要說謊，我剛才問的問題是：『我為什麼要相信你？』」

飛機乘客：「我不知道。」

CBP警官：「你都不知道了，我為什麼要相信你？而且我該怎麼相信你？」

飛機乘客：「你不信的話就算了。」

上述這個情況中，CBP警官間接指控這位乘客說謊。當誠實的人被直接或間接指控說謊時，通常會反駁：「我沒說謊」、「我沒有做」、「你這個警察怎麼當的」、「這太扯了」；反之，說謊者受指控後不太會抗議（或完全不抗議）。一個人被指控說謊卻不抗議，不一定是他說謊了，**但你可以如此假設**。

「我沒問你×××，我是問你：我為什麼要相信你？」這句話**最多只能問三次**，以免被約談對象察覺你在出招。如果你問這句話三次，對方都不是回答「因為我說的是實話」或其他類似意思，那麼他就沒通過這一關測謊。

警察在臨檢時也可以用這一招。請看以下範例：

警察：「你的車上有藏什麼見不得人的東西嗎？」

駕駛：「沒有。」

警察：「先生，信不信由你，有些人會對警察說謊。我為什麼要相信你？」

駕駛：「因為我沒做你講的事情啊！」

警察：「先生，我沒問你做了什麼或是沒做什麼，我剛才問的問題是：『我為什麼要相信你？』」

駕駛：「警察先生……你實在太扯了……我是跟你說實話耶！」

警察：「那我相信你。祝你有個美好的一天。」

警察問了兩次，駕駛才回答「我是跟你說實話」，但這已經暗示駕駛應該是說實話。不過，這項技巧並非用於獨立的檢驗，應加上線索檢驗才能確定駕駛是否誠實。

平行謊言：當調查員問完「我為什麼要相信你？」可以接著使用平行謊言（parallel lie）。調查員並不是重複問被訊問者一樣的問題，而是問他「是否有誠實回答」這個問題，這個策略能加重被訊問者的認知負荷。

由於說謊者幾乎用盡了自己的認知能力，他們就很難處理這類問題，所以會遲疑一陣子。這時候，調查員就可以說出假設：「我知道你在說謊」、「我覺得你不夠誠實」、「我覺得事情沒那麼單純」，這麼說等於間接告訴對方：「我沒有完全相信你說的話。」誠實的人如果被指控說謊，通常都會抗議，而且大都會出現強調的動作；而不誠實的人若被指控說謊，通常會採取守勢或不抗議。

觀察**被訊問者的言語與非言語反應**，**比**聽他的**答案更重要**。誠實的人能夠很輕鬆的回答平行問題，而且就算回答時遲疑了，被指控說謊時也會反駁。再次強調，平行謊言技巧本身無法測謊，但它可以假設約談對象說謊，尤其結合「我為什麼要相信你？」使用，幾乎總是見效。

CBP警官：「先生，你說你的皮箱裡沒有放違禁品，是實話嗎？」

飛機乘客：「呃……是啊。」

CBP警官：「我知道你在說謊。」

飛機乘客（臉色變難看）：「我是跟你說實話！我不曉得這東西不能帶進這個國家。」

CBP警官：「那我相信你，但我必須沒收這個東西。」

飛機乘客：「好啊，反正我沒差。」

在這段描述中，飛機乘客有些遲疑，CBP警官就指控他說謊，而飛機乘客立刻反駁，還說「我是跟你說實話」；這暗示他是誠實的，因為這句回答類似「因為我說的是實話」。這位乘客沒有通過「我為什麼要相信你？」的檢驗，卻通過了平行謊言檢驗，因此警官可以假設乘客說的是實話。

以下為「我為什麼要相信你？」搭配平行謊言使用的情形。

警察：「你車上有毒品嗎？」

駕駛：「絕對沒有！」

警察：「先生，信不信由你，有些人會對警察說謊。我為什麼要相信你？」

駕駛：「因為我不吸毒。」

警察：「先生，我沒問你有沒有吸毒，我是問：『我為什麼要相信你？』」

駕駛：「那你為什麼要把我攔下來？」

警察：「因為你超速。」

駕駛：「我才沒開那麼快。」

警察：「先生，你說你車上沒有毒品，是在騙我嗎？」
駕駛：「呃……。」
警察：「我知道你在說謊。」
駕駛：「我沒什麼好藏的。想搜我的車就搜吧。」
警察：「如果你同意，我就真的要搜囉。」
駕駛：「請便。」

警察其實不是真的想問「車子裡有沒有毒品」，他是想聽駕駛對於這個問題的答覆。而駕駛遲疑了，暗示他的認知負荷過重。接著警官指控他說謊，但他並沒有反駁，暗示他車子裡真的有毒品。再加上他聽到「我為什麼要相信你？」時，也沒答出正確答案，這樣更能假設他在說謊。

強迫回答：「強迫回答」（Forced Reponse）可以當成獨立檢驗，也可以結合前面提到的技巧使用。因為說謊者的認知負荷過重，他面對兩個選項時，通常會挑其中一個選項，而不是尋找第三種答案。

當大腦已專注於處理某件事時，它會開啟「省電模式」。調查員可以問被訊問者一個問題：「你真的想躲掉這件事？」如果被約談者回答「對」，那麼你可以回他：「這就是為什麼我在這裡。」但如果對方回「我沒有」，你就可以回他：「這就是我現在在這裡的原因，讓你逃不掉。」

誠實的人通常會回答：「你說躲掉什麼？」這時你再使用平行謊言技巧（被約談者怎麼回答這個問題，比回答本身還重要），問他是否有誠實回答你的問題；如果他回你「有」或「不」，代表他是誠實的。但一般人被調查員直接說「你說謊！」時，通常都會反駁。

東拉西扯：人在聽到是非題的時候，應該會回答「是」或「不是」。說謊者如果不回答「是」或「不是」，他們就會開始東拉西扯（Land of Is）。這個概念源自於柯林頓總統（Bill Clinton，譯按：美國第四十二位總統），他被問及與莫妮卡·李文斯基（Monica Lewinsky）的醜聞時回了：「這要看『是』這個字是什麼意思。」（It depends on what the meaning of the word "is" is，詳見第二一三頁。）

東拉西扯是介於實話與謊話之間的模糊地帶，多數說謊者都希望維持誠實的假面具，所以他們就會多費唇舌、去玩文字遊戲，藉此迷惑對方；而你可以利用是非題來阻止這種伎倆。如果對方沒有回答「是」或「不是」，你就再問一次；如果他還是沒回答「是」或「不是」，那他可能掩蓋了事實。

第二次道別

有些說謊者以為約談結束了，或成功騙過調查員，於是就放鬆戒心。這時調查員可以利用這種心理現象——收好紙張、闔上筆記本，或是放下筆，假裝談話已經結束了。

正當約談對象準備離開之際，調查員把約談對象請回來，問他重要的問題。約談對象沒料到還沒問完，可能就會說出一些證明自己有罪的事。

「呃……」：若你直接問對方是非題，對方應該會回答「是」或「不是」。假如約談對象聽到是非題，卻**先「呃……」了一下再回答，那他很有可能在說謊**；表示他接下來的答案，可能不符合調查員的期待。以下對話就描述了這種「呃……」的現象：

家長：「你作業寫完了沒？」

小孩：「呃……。」

家長：「回去房間把作業寫完。」

小孩：「你怎麼知道我沒寫？」

家長：「少廢話，去寫就對了！」

家長不必等小孩後續的答案，因為他已經知道小孩的答案不是他想聽的。小孩知道家長想聽到「寫完了」卻用「呃……」開頭，就表示他沒有寫完作業。

這項技巧只對直接的是非題有用。如果聽到開放敘述式的問題（例如「明年誰會贏得超級盃冠軍？」），而以「呃……」作為答案的開頭，表示這個人在思考。調查員應該先等對方把答案說完再回應，這樣他才不會察覺這項技巧。請看以下對話：

警察：「你知道是誰犯下此案嗎？」

被約談者：「呃……我昨天晚上雖然待在俱樂部，但並沒有看到什麼不對勁的事情。」

警察：「少騙我了，你一定知道是誰幹的，對不對？請你告訴我，你不想供出犯人的理由是什麼？」

警察問了一個直接的是非題，而被約談者的答案開頭是「呃……」，這表示他的答案不是警察想聽的。被約談者知道警察想聽的答案是「我知道」，但他的答案並非如此。

「呃……」這個字表示，被約談者其實知道犯人是誰。警察讓被約談者把答案說完，再提出假設（詳見第十二章），如此一來被約談者就會以為警察知道答案。

窮人測謊器無法百分之百確定對方有多誠實，但是調查員確實能藉由這套方法，尋找真相。窮人測謊器就跟所有約談技巧一樣，應該與其他約談技巧並用。

用「如何」、「誰」及「普遍性」來識破謊言

直接提問未必能夠揭露真相，因此調查人員發展了替代性的提問技術，以評估約談對象話語的真實性。

與其直接詢問關鍵問題，調查人員更傾向於使用間接的「評估性問題」，來測試約談對象是否誠實。這些問題與調查事件本身無直接關聯，但透過約談對象的回答，可以間接推測其誠實度。研究表明，誠實者與說謊者對相同問題的回答方式，往往存在顯著差異。

近期，研究人員測試了刑事調查人員常用的評估性問題，結果顯示，這些問題在測試約談對象的真實性方面非常有效。以下是刑事調查中常見的三種評估性問題，也可應用於其他涉及不誠實行為的情境。

評估性問題一：對行為的處罰看法

「你認為應該如何處置犯下（填入具體行為）的人？」

誠實者通常會建議嚴厲的懲罰。有罪者通常會透過建議相對寬鬆的處置方式，來淡化行為的嚴重性，並作為其行為合理化過程的一部分。誠實者不需要為自己的行為辯解，也不介意承擔更嚴厲的懲罰。

例如，在涉及倉庫商品竊盜的商業情況下，倉庫所有者可能希望縮小嫌疑人範圍。業主可以透過詢問以下評估問題，來篩選有權進入倉庫的員工。

評估性問題：「你認為偷竊商品的人會遭受什麼懲罰？」

誠實回應：「偷竊的人應該被逮捕並送進監獄。」

有罪回應：「也許那個人有不得已的苦衷，如果對方願意歸還貨物，應該再給他／她一次機會。」

評估性問題二：誰可能犯案？

「公司內部誰有機會犯下（填入具體行為）？」

誠實者會透過提供可能犯下犯罪行為人的姓名或職位，來回答這個問題。相反，有罪者會提供那些沒有機會犯罪的人名。有罪者常常回答說：「公司中的任何人都有機會犯罪。」他們想把責任推卸給更廣泛的可能嫌疑犯，希望盡可能將更多的人納入嫌疑人範圍，以轉移對他們的注意力。

例如，在商業情況下，當調查人員試圖識別從公司挪用資金的人時，他們可以提出以下評估性問題來識別挪用公款者，或最好的情況下，限縮可能的嫌疑人範圍。

評估性問題：「組織中誰有機會挪用公司資金？」

誠實回應：「嗯……會計很容易貪汙，或是財務長也有可能做到。」（列出邏輯上的嫌疑犯）

有罪回應：「公司裡從出納員到各部門的經理，任何人都有可能。」（提出那些在邏輯上無法挪用公款的人）

評估性問題三：行為的普遍性

「你認為在這間公司，（填入具體行為）有多常見？」

誠實的人通常會說，他們不認識任何犯下此類罪行的人，或評論說這種罪行在公司並不常見。有罪者會試圖製造一種假象，讓人以為在這個公司裡，偷錢是很常見的事。再者，他們希望擴大嫌疑人範圍，以轉移對自己的注意力。此外，如果有罪者認為公司中的每個人都在偷錢，那麼偷竊就更容易被證明是正當的。

在公司資金被盜的商業情況下，內部調查人員可以透過詢問以下評估性問題，來識別可能的罪犯或縮小潛在嫌疑人的範圍。

評估性問題：「你認為人們從公司竊取資金的情況有多普遍？」

誠實回應：「我想這並不常見。我不認識任何偷過錢的人。」

有罪回應：「在當今通貨膨脹嚴重的世界裡，每個人都在偷錢。你能責怪他們嗎？人們只想生存。」

使用評估性問題是一種巧妙的技巧，可以確定人們是否說了實話。這是一種非攻擊性、非侵入性的詢問，用於篩選大量可能的嫌疑人或識別罪犯。當你想發現真相但又不想冒犯交談對象時，評估性問題在社交場合也很有效。

這種方法並非萬無一失，但它們可以排除無辜的人，並突出一個人敘述中需要進一步調查的部分。

第 12 章

問話的藝術

人天生就有糾正他人的傾向。

調查員若故意用錯誤的假設性問題問嫌犯，

嫌犯就會糾正調查員，

此時通常會不經意承認一些事情。

文字是調查員的主要溝通手段，而提問是用來揭發真相，或取得情報的基本技巧。提問就像在使用工具，特定問題可以達成特定任務，只要使用得當就非常有效。問錯問題可能會得到錯誤的自白、失去融洽關係、並且遺漏資訊。調查員必須評估每一個談話情況，再決定使用哪種提問策略來達成約談的特定目標。

騙子會急於說服他人

提問有好幾種用意，包括套出新資訊、確認舊資訊和引起懷疑。人一旦起了疑心，就會懷疑自己聽到的事情。如果聽者顯露出言語或非言語的指標，暗示他不相信自己聽到的事情，說謊者就會更努力讓對方相信：這件事是真的；反之，誠實的人會胸有成竹的傳達，他知道的資訊。

用六個問題，問出案件架構

作家魯德亞德．吉卜林（Rudyard Kipling）曾說：「我知道的事情全是它們告訴我的，而它們的名字分別是：什麼、哪裡、何時、為什麼、如何、誰。」而調查員必須把吉卜林的這些「朋友」，也當成自己最好的朋友。透過「什麼」、「哪裡」、「何時」、「為什麼」、「如何」、「誰」等問題，就能得到約談所需的基本資訊。

他還不知道自己做了什麼

「Wh」問題就是以Wh作為開頭的問題。這些審問字眼包括「誰」（who）、「什麼」（what）、「何時」（when）與「哪裡」（where）。Wh問題的用意有三個：希望對方提供較詳盡的答案，讓嫌犯知道自己眼前的麻煩有多大，鼓勵對方開誠布公。

希望對方回答得更詳細：Wh問題希望對方的答案能更詳細，比方說：「你的意思是？」這對方就得提供更多資訊。當你問犯人或證人：「你做了什麼事？為什麼你要做這件事？」這不只是鼓勵他們提供更多資訊，也是在鼓勵他們說出自己做這件事的理由。當對方回答一個是非題之後，你也可以追問Wh問題，鼓勵他說出更多資訊。以下舉兩個例子：

1. 調查員：「你有嗜好嗎？」
嫌犯：「有。」
調查員：「你的嗜好是什麼？」

2. 調查員：「你說你那天晚上去公園？」
嫌犯：「是啊。」
調查員：「你那天晚上為什麼要去公園？」

讓嫌犯了解自己的麻煩有多大：嫌犯在約談期間，通常會專注在自己身上，而且為了合理化自己做過的事，對於自己的行動他會輕描淡寫。很多嫌犯其實不知道自己的行為有多嚴重，你得逼他面對現實。更糟的是，他們也不知道自己的行動影響了其他人。

直接與事實對峙，會削弱嫌犯在心中合理化後的詮釋。當「把一切合理化」的想法碰上事實，嫌犯的觀點都會大幅轉變。所以當他們了解自己犯下多大的罪行後，通常就會轉而配合調查員的安排。解決問題是為了最大幅度的減輕他將承擔的後果。

調查員：「你知道你的行動會連累你的家人嗎？」
嫌犯：「我沒想到這一點。我只是想報仇而已。如果我知道會連累到家人，那時可能會多想一下。我想我真的麻煩大了。」

讓人開誠布公：措辭恰當的提問，能夠使人開誠布公。這類提問被稱為「移情問題」（empathic question）。調查員先聽完對方的回答，再用同樣的言辭模仿之，形成移情陳述。如果想加強移情陳述的效果，你一開始的提問就要跟移情陳述搭配好；如果想讓移情問題更有效，你的提問就要讓對方吹噓自己（詳見第一〇三頁，對於奉承的解釋）。

調查員：「你年紀輕輕，犯案手法就如此聰明，到底是怎麼辦到的？」（引導嫌犯吹噓自己）

調查員：「我打賭你今天早上醒來的時候，絕對沒想到自己會戴手銬吃午餐吧？」（移情問題）

調查員：「你的作案手法是我見過最高明的，想必花了很多心思吧？」（奉承對方，再加上移情問題）

引起對方糾正你

假設性問題中的事實，不是真的就是錯的。人天生就有糾正別人的習慣。調查員如果對被訊問者說了一套錯的故事，被訊問者就會修正你。這個天性之強大，會讓被約談者在導正錯誤時，無意間承認部分罪行。

你知道真相，但讓他自己說

提問也是一種確認資訊的方式，通常是以「所以……」開頭，例如問約談對象：「所以某人被殺的時候，你在那棟房子裡？」此種確認式問題應為是非題形式，它跟假設性問題不同，調查員已經知道答案是什麼，他只是希望約談對象承認而已；如果是假設性問題，調查員就不知道答案。

問陳述式問題讓供述完整

調查員通常必須證實一些特定事實，而陳述式問題能夠釐清對方的供詞細節。陳述式問題的例子包括：「你凌晨兩點到家？」、「你跟喬說了你做過的事？」、「你在派對上喝了六瓶啤酒？」

用強調式問題逼他露出真面目

強調式問題是用來表達懷疑的。調查員質疑約談對象是否誠實，如果約談對象說謊，他會試圖說服調查員，自己說的是實話；如果約談對象是誠實的，他只會傳達事實。調查員只要強調問題之中的關鍵字，就能構成強調式問題。

強調式問題的例子包括：「老實說，你做了什麼？」、「真正的事發經過是怎樣？」、「花瓶破掉的真正原因是什麼？」、「你到底在想什麼？」、「那到底是什麼意思？」、「到底是為什麼，你會這麼想？」、「你到底是怎麼得出這個結論的？」

問極性問題。答非所問就是有鬼

極性問題的答案只有「是」或「否」兩種。這類問題很容易回答，能迅速提供事實、取得額外資訊，讓調查員維持對話的控制權；此外它也能檢驗理解程度與誠實度。

迅速提供事實：初期應變人員必須快速評估情況，並取得嫌犯的特徵簡介，才能公布給區域內的警方單位，使他們能密切注意嫌犯；如果想辦到這一點，那就一定要從證人與被害人身上取得資訊。初次約談的時候，調查員可以再提出比較詳細的問題。

初期應變人員：「你有受傷嗎？」

被害人：「沒有。」

初期應變人員：「有其他人受傷嗎？」

被害人：「沒有。」

初期應變人員：「嫌犯有槍嗎？」

被害人：「有。」

（譯按：初期應變人員〔First Responder〕，包括消防、救護、醫療、衛生及執法等單位人員，從事第一線應變搶救工作。）

取得額外資訊：只回答「是」或「否」，通常會讓對方覺得不禮貌。所以人們在回答是非題時，通常都會提供額外的資訊，尤其是回答「否」的時候。證人與嫌犯回答「是」或「否」之後，調查員應該先讓現場陷入沉默；而人們通常都會用額外資訊來打破沉默。如果調查員想讓對方更輕易開口，他應該露出一臉懷疑的表情，或加上幾句話，例如「真的嗎」、「你確定嗎」、「我覺得不是這樣」。

調查員須掌控對話：許多被害人與證人，會反覆談論無關的事情，主導談話。而調查員可以提出簡單的是非題、奪回主控權。人在回答「是」或「否」之後，通常都會暫停一下，此時調查員就能提出一個問題，將嫌犯或約談對象拉回正題，而且不會因此給他粗魯或冷漠的感覺。

檢驗理解程度：被害人、證人與嫌犯的供詞通常都不夠完整——換言之，就是答案很模糊或不完整。調查員若想檢驗自己對案情的理解度，最簡單的方法就是問一個是非題。是非題也能讓被害人、證人與嫌犯確認自己說的話，甚至給他們機會針對誤解給出澄清。

檢驗誠實度：是非題的答案應該是「是」或「否」。說謊者如果無法，或不想二選一回答，他們通常會開始東拉西扯。這個概念出自柯林頓總統的名言：「這要看『是』這個字是什麼意思。如果它的意思是『我從來就沒有跟李文斯基偷情』，那就另當別論；但如果它的意思是『我目前沒有跟李文斯基偷情』，那我的供詞就完全屬實（譯按：柯林頓原本的供詞是「我跟李文斯基之間『是』清白的」〔there's nothing going on between us〕，但他刻意模糊時態）。」

東拉西扯是介於真相與謊言之間的模糊地帶，說謊的人大都想維持誠實的假面具，所以他們會玩文字遊戲，但不會完全坦白；而聽者就會被牽著鼻子走。為了避免這種情形，聽者可以提出是非題。如果發言者沒有回答「是」或「否」，那就再問他一次；如果他還是不回答是、否，那他很可能在說謊。

以下節錄自警察審訊姦殺嫌犯的對話，說明嫌犯顧左右而言他的情形。

調查員：「你想親她嗎？」

嫌犯：「我……我……我……不覺得……我不記得自己被她吸引，所以我……。」

調查員：「我不是問你有沒有被她吸引，我是問你是否想親她。你有想親她嗎？有、還是沒有？」

嫌犯：「我想都沒想過。」

調查員一開始問了一個是非題，嫌犯沒有回答「是」或「否」，而是顧左右而言他；於是調查員又問了第二個是非題，但嫌犯還是答非所問，這表示他很有可能在說謊。

最後，問他附加問題

附加問題是接在問題之後的陳述；包括「你沒有嗎」、「你不是嗎」與「不是嗎」之類的短句。調查員這樣問對方，是希望對方能證實特定陳述，或以點頭、搖頭示意。

附加問題能夠令約談對象承認一些輕罪，但它有時會讓約談對象困惑，因此其後必須再接一個額外的問題，以檢驗約談對象真的理解自己同意、不認同哪一句話。調查員可以面露懷疑、藉此加強附加問題的效果。

1. 調查員：「你知道誰搶了銀行，不是嗎？」
2. 調查員：「你襲擊吉米的時候，布魯克跟你在一起，不是嗎？」
3. 調查員：「你沒有告訴我你知道的全部，不是嗎？」

移情假設性陳述法

移情假設性陳述法（Empathic Presumptive Statements）能夠提高獲取真實答案的機率。這種陳述方式所呈現的資訊要不是真的、就是假的、並假設約談對象知曉該資訊的正確性。當面對這類陳述時，約談對象要麼肯定假設的內容、要麼對錯誤之處進行更正，從而迫使其提供更多訊息。這種技巧的關鍵在於，它能給人一種錯覺——調查員似乎已經比對方認為的掌握了更多資訊。

例如，與其直接問：「你認識列維嗎？」對方可以簡單否認說：「我不認識列維。」不如問：「你上次和列維見面是什麼時候？」這樣的問法假定對方已經認識列維，讓他不得不選擇確認或更正，而不是輕易否認。

移情假設性陳述法提出一個事實，但將事實的解釋留給約談對象。如果推定是正確的，約談對象往往會補充更多細節，無形中透露額外資訊。然後，調查員可以根據約談對象的反應建立另一個移情假設，以獲取更多資訊。如果假設是錯誤的，約談對象會主動糾正錯誤，從而提供調查員新的線索。

調查員：「最近讓你最難受的事情是什麼？」

嫌疑人：「獨自一人。」
調查員：「獨自一人？所以你不喜歡獨處？」（移情假設性陳述）
嫌疑人：「是的。」（確認假設性陳述）
調查員：「所以，這段經歷讓你覺得無法承受？」（移情假設性陳述）
嫌疑人：「對……我是說，這、這就像是我說過的，她想念我的繼父、兄弟姊妹……」
（再一次確認假設性陳述）

移情條件法

移情條件法（Empathic Conditional）則是一種進一步建立信任，並鼓勵約談對象透露資訊的方法。它引入了一組條件，使約談對象更願意提供資訊。

調查員：「如果我能保證你的匿名性，你會告訴我你看到了什麼嗎？」
證人：「如果沒有人知道是我說的，我會告訴你真相。」

誘導式問題

誘導式問題（Bait Questions）是透過提出一個既定事實或行動，來促使約談對象確認或否認該事實的方法。例如，調查員可能會問「你能解釋為什麼你的指紋會出現在凶器上嗎？」誠實者知道凶器上沒有他們的指紋，通常會試圖否認或糾正錯誤。相反，說謊者傾向於提供，在凶器上發現他們指紋的可能原因。

第 13 章

FBI 就這樣套話

如果被約談者幾乎毫無防備的侃侃而談，
那是最好的。
萬一約談遇到阻力，
調查員必須知道如何使用各種勸說技巧，
還得了解每種技巧的侷限。
沒有一種方法能夠一體適用。

所謂的正式偵訊，應該是等雙方建立良好關係之後才算正式開始。如果被約談者幾乎毫無防備的侃侃而談，那是最好的。但萬一約談遇到阻力，你也要有各式各樣的技巧與工具可以運用。

調查員不只要學會遊說方法，也必須了解，沒有任何技巧能適用於所有情況。調查員必須事先準備好幾個技巧，因為在一次約談中，平均下來會用到六個不同的技巧。

不給壓力：與電視影集當中的警方審訊不同，強硬的審訊技巧其實很難奏效。**壓力通常會使嫌犯更不願意合作**。

保持耐心：審訊的過程是很緩慢的，你必須花很多時間才能讓對方招供，請準備好長期抗戰。審訊嫌犯最起碼也要耗費兩個小時。此外有其他證據顯示，嫌犯通常要等到四個小時後才願意招供。

製造沉默：一般人在對話停止後會變得不安。沉默持續得越久，人就越覺得該說些什麼來打破寧靜。

我對你期待很高喔

人們傾向於符合別人的期望。在約談開始的時候，調查員應該替對方設立高標準的期待。高度期望會增加約談對象的心理壓力，使他想要維持表裡一致。

1. 調查員：「你看起來是老實人，我認為你會說實話。」
2. 調查員：「你看起來是會認錯並為自己的行動負責的人。」
3. 調查員：「就我看來，你面對任何情況都會做出正確的選擇。」
4. 調查員：「我欣賞實話實說的人。我感覺你是個道德信念很強的人。」

讓對方覺得你掌握了什麼

證據的確鑿度，或是嫌犯覺得證據對自己的不利程度，都是預測嫌犯是否願意招供的重大指標。

讓對方熟悉你的問答模式

約談剛開始的時候，調查員就要讓被約談者習慣一套固定的答話模式。調查員應以取得個人資料與背景資訊為由，提出一連串的中立性問題。約談對象的答話模式固定之後，他就比較能回答關鍵問題。

說故事拉攏他

說故事會挑起對方的情緒，接著即可動之以情。你說的故事應具啟發意義並給對方一個具體行動的方向。

調查員：「你現在這情況讓我想到之前，我妹妹惹麻煩的時候。她是銀行出納員。有時她手頭上缺現金，就會從錢箱裡拿走一些錢。事後她總是能夠把錢放回去，而且沒被逮到。後來她越做越大膽，拿走的錢也越來越多。有一天她終於被逮到了，但她沒說實話，而是說謊來掩飾錢不見的事實。

「她的謊言越扯越離譜，最後只好坦白，但為時已晚。她不只丟了工作，銀行還因為她不誠實而起訴她。等到我妹妹想到要打電話給我時已來不及，她已經被起訴了；我沒有辦法幫她。

「假如她一開始就說實話，最糟也不過丟掉工作而已。現在你看看她惹上什麼麻煩，更別提還有可能坐牢了。你的情況跟我妹妹很像。在事情演變到我愛莫能助之前，你再想清楚一點吧。」

模範行為

說故事可以提供模範行為給約談對象參考。當約談對象面臨類似情況，如果看到別人做對的事，他就會採取同樣的行動。

「你可以問我二十個問題」

有些約談對象剛抵達現場時，心裡會有一大堆疑問，想弄清楚約談的緣由。調查員可利用對方的好奇心，問他：「你覺得你為什麼會在這裡？」而最常見的回答是：「是你想跟我談話耶！我怎麼知道啊？」此時調查員可繼續說：「你不妨猜猜看我為什麼找你談。你可以問我二十個是非題，弄清楚我的理由。」無辜的人通常都不想玩這個遊戲，因為他們不知道從何問起；但有罪的人就知道該問什麼。

（以下節錄自真實審訊）

嫌犯：「我怎麼會在這裡？」

警探：「你覺得你為什麼在這裡？」

嫌犯：「我不知道。」

警探：「那你為什麼不猜猜看？問我是非題，我給你二十次機會。這有點像我們小時候玩的遊戲。」

嫌犯：「跟我的工作有關？」

警探：「是的。你問了一題。」

嫌犯：「跟我工作用的電腦有關？」
警探：「是的。你問了兩題。」
嫌犯：「該不會是因為，我的電腦裡有不該有的東西？」
警探：「是的。第三題。」
嫌犯：「是色情片嗎？」
警探：「沒錯，但不只如此。」
嫌犯：「是兒童色情片嗎？」
警探：「恭喜，你答對了。」
嫌犯：「我想也是。」
警探：「你才問五題就問出來了。現在請你告訴我，你的電腦為什麼有兒童色情片？」

你當老師，他當學生

調查員應該要在偵訊室準備一面白板，或是一個放了紙張的畫架。在約談一開始或是當談話陷入僵局，調查員應該站起來，向約談對象與他的律師陳述已調查到的事實。調查員應該在畫架或白板上圖解說明，並偶爾停頓一下，問約談對象與他的律師，是否了解這段簡報的重點。

調查員扮演老師的角色，藉由居高臨下取得主導權，同時把被訊問者與其律師當成學生。此時對方會下意識覺得，調查員很值得信賴。

讓他化整為零的承認

就算嫌犯一直拒絕說出「對，是我做的」，調查員還是能使他招供，而且他自己渾然不覺。調查員應把罪案拆解成基本要件，再讓約談對象個別承認這些要素。

先刺探，再辯解

直接指控嫌犯犯案，或是咄咄逼人質疑其作證資格與誠實度，都是很有效的審訊手法；但這個技巧可能適得其反並激怒約談對象。如果這種直接的技巧失敗了，調查員可以簡單替自己解釋一下，平息對方的負面感受。

調查員：「你很生氣，因為我問你很嚴厲的問題，把你逼得太緊了。不過我是調查員，我的工作就是要問這些嚴厲的問題。你知道自己說的是實話，但我才剛跟你見面，所以不知道你是否誠實。

「這件事情很嚴重，如果我不確認每個約談對象是否誠實，那我就是沒盡到責任。假如你是本案的被害人，應該會要求我盡一切所能破案。現在我們就簡單談一下，案發時你在做什麼？」

化解證人的道德困境

在某些案例中，目擊證人在犯人被逮捕之前，會知情不報，或在之前的約談中對調查員說謊，這時他們大都已落入道德陷阱，而且難以逃脫。

證人目擊到罪案的時候，無論理由為何，他並沒有報案，甚至對執法人員說謊。由於證人一開始決定說謊或不報案，現在他可能得承擔更嚴重的後果，例如因協助或教唆犯罪，而遭起訴或受到行政處分，結果丟了工作。

這位證人面臨兩難：「如果我說實話，就必須解釋最初發現罪行時，為什麼我沒有挺身而出；但假如我現在說謊來圓之前的謊，也有可能面臨法律或行政方面的制裁。」這種道德陷阱使證人無法全身而退，因此它可以用來打消證人起初不願意報案的心態。調查員應告訴約談對象，只有一條路能保全自身：現在就說實話。

別擔心證據薄弱

大腦會填補空白的地方。小朋友的連連看練習本就說明了這種現象。而成人能在腦海裡將點連起來、不須實際用筆連接各點，就能正確辨認出圖案。

調查員可以利用這種現象，透過實體、心理方面將現有證據呈現在嫌犯面前，讓他以為所有案情都被查出來了。這時即便證據與約談對象之間的連結很薄弱、根本不存在，如果約談對象有罪，他的大腦會自動填補空白、假設調查員完全知情，也就比較容易招供。

假定

調查員在與對方談話之前，會先假定對方是有罪的，進而排除所有「對方是無辜的」的想法，只想查出對方犯下罪行的理由。這種假設性審訊成功與否，要看是否有證據（或有力的間接證據）顯示約談對象真的犯案。

使對方接受可能性

假如約談對象不承認任何惡行，那就設法讓他承認可能性。只要讓約談對象承認他「可能」做了什麼事，他就更有可能招供。

1. 調查員：「你說你不知道自己工作用的電腦裡，為什麼有兒童色情片。但事實就是真的有。你我皆知，它一定是透過某種途徑跑進電腦裡的。會不會是你在下載其他檔案時，不小心下載到兒童色情片呢？」

2. 調查員：「你是不是在上網的時候，進入色情片網站卻沒察覺？」

3. 調查員：「會不會是你登入色情片網站之後，過了好幾分鐘後才知道內容並離開？」

4. 調查員：「會不會是你收到色情片網站的廣告信，然後出於好奇而點開了它？色情片商會寄一大堆廣告信，吸引好奇的人上鉤。」

引導他二選一、避重就輕

調查員給對方兩個完全相反的選項，使其無法全身而退。以下的例子當中，約談對象只有兩種選擇：承認自己不小心下載兒童色情片，或承認自己對兒童性騷擾。當然，他不太可能這麼快就承認，所以他會承認自己不小心下載了兒童色情片，或只是出於好奇而觀看。

調查員：「不小心進入色情網站，跟刻意尋找它是完全兩回事。如果你並非不小心下載了兒童色情片，那就是在性騷擾兒童。選項只有這兩個：你只是滿足好奇心，還是在性騷擾兒童？」

裝笨套話

有些複雜的調查需要進行好幾次約談，此時這個技巧就能派上用場。知道自己有罪的約談對象，一定會跟調查員說整件事情實在太複雜，所以絕對無法弄清楚案子的內情。此時調查員不應假裝自己跟對方一樣知曉內情，而是請對方指導調查流程。初次約談結束時，調查員應詢問對方，是否願意擔任調查的顧問。

這一招表面上是讓被約談者主導調查，實際上卻能卸下約談對象的心防，讓調查員能夠索求資訊、使關係維持融洽。一旦調查員取得足夠資訊，他就可以使被約談者招供。

資歷十八年的菜鳥

菜鳥調查員有個很大的優勢：他可以問許多非常基本的問題。被約談者比較不會生氣或失去耐性，因為問話的人沒什麼經驗。如果調查員無法主導目前的話題，他應該要告知約談對象這個事實。

這樣一來，調查員就不必裝作自己很懂這個話題，也就能夠視需求而自由詢問許多問題（包括蠢問題），從對方口中取得資訊。假如對方猶豫了，調查員就說：「我只是個菜鳥，還請你多多指教。」經驗老到的調查員，只要假裝成菜鳥，就可以毫無顧忌的問一些刺探性的問題。

微觀行動審訊：從文字橋中可以找到對方隱瞞的資訊（詳見第一七六頁）。如果調查員認為，被隱瞞的資訊很重要，他可以利用微觀行動審訊有系統的記錄，資訊空白中約談對象在什麼時候、做出什麼行為。

調查員可利用微觀行動審訊，取得更詳細的資訊，並揭發對方在社會與職業背景中的騙局。微觀行動審訊跟其他審訊技巧的不同之處在於，調查員**只問一件事：「接下來發生了什麼？」**此時無辜的人會傳達資訊，但犯罪者會作繭自縛。

這種縮減資訊空白的系統性方法，就像是心理上的「繭」。微觀行動審訊的獨特之處在於，無辜的人不會感到壓力，因為他們說的是實話；但犯罪者會把自己的後路堵死。隨著資訊空白減少，說謊者的壓力就越來越大，因為他必須不斷想辦法，避談自己隱瞞的資訊。

這種自找的壓力變大之後，他就會出現逃跑或戰鬥的反應；這種相關非言語線索可用來檢驗誠實度，因為誠實的人不會隨著資訊空白縮小，而出現說謊的非言語跡象。誠實的人可能會抱怨問題太多，但還是會回答，因為沒什麼好隱瞞的。

微觀行動審訊是從文字橋的「橋頭」開始問起。調查員應該先「釘住」約談對象，也就是請他描述一下，他在橋頭時的處境。

釘住約談對象之後，調查員應該簡單問道：「接下來發生什麼事？」此時約談對象通常會利用另一個文字橋，來迴避他想隱瞞的資訊；調查員應該回到第二個文字橋的橋頭，釘住約談對象再繼續問：「接下來發生什麼事？」接下來，調查員應持續進行這個流程，直到資訊空白消失，或是對方出現說謊跡象為止。如果發現對方說謊，調查員應繼續填補資訊空白，或使用其他審訊技巧。

只是反覆問「接下來發生什麼事」可能會干擾談話流程，所以調查員應該穿插一些自嘲之詞，例如：「抱歉，我剛才恍神了一下，我們回到×××（上個文字橋的橋頭）吧！」、

第13章 FBI就這樣套話

「我的腦袋跟不上你說的話，我們可以回到×××（上一個文字橋的橋頭）嗎？」、「我聽不太懂，你是說你×××（上個文字橋提到的行動）嗎？」

以下節錄自某份約談紀錄（車禍調查員約談駕駛），示範了微觀行動審訊的應用。微觀行動審訊迫使駕駛，透露了車禍的主因。

調查員：「請描述一下發生了什麼事。」

駕駛：「我一抬頭，就看到這輛車衝向我，然後我試著閃開。」

「抬頭」兩字表示駕駛在車禍發生前，並沒有看著馬路。

調查員：「你看到車子衝向你，接下來發生什麼事？」

駕駛：「我把雙手放在方向盤上，然後試著閃開以免相撞。」

「雙手」兩字表示駕駛在車禍發生前，他的雙手不是放在方向盤上。

調查員：「你上一句話說，你把雙手放在方向盤上，接下來發生什麼事？」

駕駛：「我把腳放在剎車上，然後車子就失控了。」

調查員：「抱歉，我沒聽清楚。你把腳放在剎車上，接下來發生什麼事？」
駕駛：「剎車沒反應，於是我繼續踩。」
調查員：「我有點聽不懂。你踩得更用力，車子卻沒有慢下來，然後呢？」
駕駛：「我想把手機給踢開。看來我為了抓住方向盤，把手機摔到下面了。」
調查員：「所以，車禍發生的時候，你在講電話嘛。」

基於微觀行動審訊獲得的資訊，加上其他言語跡象，調查員提出一個假設性陳述，來檢驗自己的假設。

駕駛：「是啊。」
調查員：「你手機摔掉，想要撿起來，結果車子失控了，對吧？」
調查員循著駕駛承認的事情，再提出一個假設性陳述。
駕駛：「我的視線只有離開馬路一秒鐘。我以為撿個手機並不礙事。」

亡羊補牢

調查員可以退一步，跟約談對象說所有人都會犯錯；他甚至還可以跟被約談者說，鉛筆附上橡皮擦是有原因的。橡皮擦可以把紙上的黑色字跡擦掉，但鉛筆留下的凹陷依舊存在，需要處理。接著，調查員給約談對象兩個選擇：處理字跡與凹陷；或是擦掉字跡，只處理凹陷。如此一來，約談對象就會以為命運掌握在自己手裡。這個技巧也是在告知約談對象，不管他怎麼選擇，都必須承擔後果。

這是你最後的機會

調查員給約談對象提議的時候，應該要給對方最晚回覆的期限。期限會給人急迫感。調查員應加快說話的節奏，加強急切的感覺。

（續下頁）

調查員：「在你離開偵訊室之前，你必須決定是否跟我們合作。」

「我們」一起對抗「他們」

調查員應嘗試設定一個情境，讓自己與嫌犯變成「我們」並共同對抗政府、主管與官員（他們）。調查員與嫌犯站在同一邊，齊心協力對抗一群很籠統的「他們」；所以「我」就變成「我們」了。

讓他自己要求測謊

調查員如果馬上提議使用測謊器，嫌犯可能會猶豫。因此你應該要提供一個情境，使測謊成為最合理的解決方案。在這種情況下，被約談者就比較可能提議使用測謊器，解決這件事情。

（測謊器與測謊人員已事先在另一個偵訊室待命。）

調查員：「唉，我無計可施了。（調查員聳聳肩，往後一靠）我主管才不會因為你說你沒幹這件事，就讓我結案。我相信你說的話，但看看眼前的證據吧！真希望有比較客觀的方法，讓我主管相信你。如果你是我，你會怎麼做？」

嫌犯：「我不知道。」

調查員：「一定有辦法的啦，我們來想想看。（停頓一下）我們必須找到一些客觀事實，讓我主管無法反駁。」

（調查員與嫌犯交換了幾個意見，但調查員總是想得出各種藉口，反駁嫌犯給出的提議，直到……。）

嫌犯：「不如用測謊器吧？」

調查員：「好主意，但我不覺得測謊器能在幾週內就安排好，而我不想耽誤你這麼久。我們還是想別的方法吧。」

嫌犯：「可是測謊器很客觀耶。」

調查員：「是啊，你要是通過的話，我主管就會讓我結案了，而且我覺得你一定會通過。（停頓一下）我想到了！我有個朋友正好是測謊人員，他欠我一次人情，我打電話給他問問看。」

（調查員拿起電話，打給測謊人員，還故意讓嫌犯聽到）

調查員：「嗨，我是×××。你現在在忙嗎？」

測謊人員：（回話）

調查員：「太好了，我想請你幫個忙。你今天可以幫我測謊嗎？」

測謊人員：（回話）

調查員：「我是臨時才跟你講沒錯，但我上個月幫過你，你欠我一回喔！」

測謊人員：（回話）

調查員：「不會花太多時間啦，這個人又沒有真的犯案。」

測謊人員：（回話）

調查員：「連這個忙都幫不上你就太不夠朋友了！謝啦，我們馬上過去。」

（調查員掛上電話）

調查員：「算我們運氣好，剛好有另一個測謊取消了，所以我們現在過去的話，他就能馬上幫我們測。你真好運，這位測謊人員非常稱職。他很公正、心胸開放，而且願意傾聽對方。他只要看一眼就知道對方是否說謊。我們走吧！」

嫌犯：「謝謝你幫我。」

調查員：「你很誠實，我當然願意盡力幫你。」

好人犯錯 vs. 壞人犯罪

你可以跟約談對象說，他的行動不是故意的，而是出於無知。調查員應強調「好人犯錯」與「壞人犯罪」之間的差異。

調查員：「每個人都會犯錯，所以才會有補救方法存在。」

調查員：「你犯錯了又怎樣？認錯、負起責任之後，你還是可以回到往常的生活啊！」

說服而非談判

根據定義，「談判」是帶有敵意的舉動。談判的前提是，雙方都必須放棄某些事物，並且從對方身上得到某些事物。談判的其中一方會贏、另一方會輸，但沒人想要成為輸的一方。

「說服」則是調查員引領對方經歷這個做決策的流程。透過說服，使約談對象招供，他就會以為命運是由自己掌控的。

扮低姿態

調查員是偵訊的主導者，握有真正的權力。但你可以假裝把權力交給被約談者，好像能夠捨棄權力一樣。待約談目標達成後，再捨棄掉這個假造權力，令對方大惑不解。

如果被訊問者知道的事情比調查員多，或展現出自戀或精神病態的特徵，那這個技巧就非常有效。因為對方會誤以為，自己能智取調查員，並逃過偵查。這種錯誤的自信心，會促使被約談者配合調查員進行多次約談。

這個技巧成功的最大阻礙，就是調查員的自尊。當約談對象在行使假造權力時，調查員應表現出恭順的態度，容忍約談對象的輕蔑或直接侮辱。看起來，這個技巧是讓約談對象主導約談，但決策權依舊握在調查員手中，即便約談對象不這麼以為。

言外之意

人在判讀或聆聽對方的時候，通常都想讀出言外之意。基於這種傾向，調查員可以向嫌犯提到重刑，暗示對方的下場會很慘；或是提到從輕量刑。

我們來交換祕密

如果調查員跟對方說一個祕密，對方就會覺得有必要也說出一個祕密。自我揭露的程度可用來衡量彼此交往的深度。

祕密交換得越熱切，關係就越親密。自我揭露的程度可以衡量彼此的人際關係，而聽到祕密的人，容易對揭露祕密的人產生好感。聽到祕密的人等於收到人際關係報酬（social reward），因此會增強其互惠行為。揭露私密資訊會給人正面的印象，看起來也比較值得信任、友善和溫暖。

調查員：「我之前從來沒告訴過任何人，你的案子讓我想到我小時候做過的事。我本來想存零用錢買腳踏車。我媽每個星期都會把我的零用錢存進撲滿裡，還跟我說，存到年底就夠錢買新腳踏車了。可是我一直把錢拿出來買糖果與其他小玩具，所以我得幫忙除草與鏟雪，才能補回撲滿裡的錢。

「我拿出來花的錢越多，就要除越多草。正當我要買腳踏車的時候，才發現撲滿還差五塊錢。當時是冬天，我祈求有積雪給我鏟，可惜沒有下雪。

「所以我知道，你承受的壓力有多大。當你從收銀機拿錢出來花，想說事後再還就好時，惡性循環就開始了。可惜，你在把錢放回去之前就被逮了。」

話鋒一轉——

當談話平靜下來的時候，你可以隨便聊一個主題，再突然直視對方的眼睛，嚴厲的問：「是不是你幹的？」從友善的表情突然轉變為嚴厲的口氣，再加上一個關鍵的提問，或許能讓嫌犯露出馬腳。

如果所有證據都指出案子是嫌犯所為，調查員可以打個比方：「假如你早上起來的時候出太陽，但街道、地上與屋頂都是潮溼的，即使你沒聽到昨晚的暴風雨，也還是知道有下雨。我雖然沒親眼看見你犯案，但所有證據都指出是你幹的。你已經全身溼透，現在撐傘也來不及了。」

再約談，下次要他露餡

如果調查員不確定嫌犯是否說謊，應該再擇期審訊第二次，然後比較兩次審訊之間，有無供詞前後不一的情形，這正是調查員最常使用的偵訊技巧。

並非所有嫌犯都適合多次審訊的策略。如果案情調查既冗長又複雜，多審問幾次就很有幫助。此外，如果嫌犯的人格很複雜，也可以多偵訊他幾次。第一次審訊的首要目標，是與嫌犯打好關係、營造沒有威脅的環境；另外，是盡可能蒐集嫌犯的個人資訊，為之後的審訊做準備。

調查員可以花點心思，事先寫好審訊的腳本，並擬出特定目標，這樣多次審問就會更有效率。每次審訊結束後，調查員應該確認自己達成了哪些目標，而哪些目標沒達成。調查員應基於第一次審訊獲得的資訊，替第二次審訊設立特定目標。每次都要朝著結案更進一步。如果沒有謹慎規畫，審訊再多次都沒用。

三次偵訊，套出真話

以下案例是調查員多次審訊一位精神病態者的情形：

所有多次審訊的情境中，首要問題都是：「嫌犯會不事先請教律師，就前來接受第二次審訊嗎？」答案通常是「會」，但調查員要讓嫌犯有理由（無論明說，還是暗示）再來。每一位嫌犯的動機都不同。因此調查員必須根據嫌犯的個人與生活情況，編出再來的理由。

第一次審訊是在嫌犯家裡進行。之所以選擇這個場地是因為，人在家裡會比較自在。抵達嫌犯家中時，調查員刻意放低姿態——眼神朝下，握手時手掌向上，對話時不直視對方，語調輕柔，還允許嫌犯坐在較高的位置。

結果嫌犯很快就主宰了談話與調查員。事實上，當嫌犯的妻子到家、問情況如何，嫌犯回她：「我們玩得很開心！」調查員則難為情的點頭與微笑。

第一次審訊得到了豐富的資訊，包括嫌犯的人格、支配場面的方法、生活習慣。而同樣重要的是，嫌犯變得過於自信，以為自己能夠操控調查員，並憑自己的言辭脫離困境；所以他接受第二次審訊的機率就大幅提升了。

第二次審訊是在警局的偵訊室進行，裡頭只擺了三張椅子。調查員握手時採取支配姿態、語氣嚴厲，並且讓嫌犯保持專注。調查員井井有條的呈現證據，並要求嫌犯從有限選項中選擇一個。嫌犯招供了一部分，並同意隔天接受第三次審訊。

第三次審訊是在同一個偵訊室進行。這次審訊中，嫌犯稱讚調查員的審訊技巧很高明。嫌犯說他在第二次審訊握手時，就已經知道自己被擺了一道。他覺得調查員跟他旗鼓相當，也就完全招供了。

小心，越問越覺得他誠實

多次審訊有個缺點，就是**約談對象會摸透調查員**的策略，同時判讀調查員的言語與非言語行為，形同「預先打了預防針」。結果反而使調查員被對方牽著走。

此外，調查員如果審訊同一個嫌犯好幾次，就會傾向於認為嫌犯是誠實的，因為嫌犯的言語與非言語行為，會隨著時間逐漸模仿誠實者的行為。

最小化

最小化是一種調查技巧，讓調查員能夠提供約談對象顧全面子的藉口，幫助他們為自己的犯罪行為辯解。約談對象如果能夠為自己的行為做出看似合理的解釋，就更有可能會承認罪行。

主題發展的常見做法是圍繞一個主題進行對話，讓調查員在整個調查過程中反覆回到一個最小化的主題。一些常見的主題包括指責受害人、引用減輕判刑的情況，或簡單的淡化犯罪的嚴重性。每位約談對象的主題往往是獨特的。調查員應該在調查過程中不斷尋找可以作為最小化主題的話題。

第 14 章

憤怒循環

約談期間，證人或嫌犯可能會很生氣。
這時調查員須先控制對方的怒氣，
再繼續談。
第一步，是想出一套移情陳述來回答對方。

約談期間，證人或嫌犯有可能會生氣；可能是因為被逮到、失控，或被另外一位被告背叛。無論情緒怎麼來，調查員都必須處理，才能繼續談話。約談有一條基本原則：「別跟生氣的人吵起來。」請先控制對方的怒氣，再繼續談。

若調查員跟生氣的被約談者吵起來，就會陷入一種難以終止的循環：被約談者對調查員說出憤怒的話，而調查員回話卻火上加油，使得對方更生氣，激得調查員又生氣的回話。憤怒控制技巧能避免言語衝突升溫，並讓被約談者冷靜下來。

控制憤怒的第一步，就是察覺到兩方的融洽關係已經消失或惡化。調查員應持續監控對方的言語與非言語線索，看看是否有關係變好或變差的跡象。如果關係變差，調查員可以運用幾個技巧增進關係，或在極端狀況下控制對方的怒氣。

解釋自己的行動

調查員如果解釋了自己的行動，對方的怒火通常都會消散。假如約談對象只是有點生氣，他知道調查員為什麼這麼做之後，就不會再生氣了。

嫌犯：「你為什麼當著我太太與兒子的面把我上銬？你根本就在羞辱我！」

調查員：「先生，我替你上銬是基於部門政策；警察逮捕一個人的時候，一定要替他上銬才能把他送到警局。上銬的主要理由是為了警察的安全。」

嫌犯：「好吧，我想你只是公事公辦。」

打破憤怒循環：如果約談對象不接受解釋，調查員就應該先打破憤怒循環。打破憤怒循環就能控制對方的怒火，之後再重新引導他回到正題。

打破憤怒循環的第一步，是想出一套移情陳述來回答對方。移情陳述跟融洽關係一樣，都能抑制對話者的怒氣。如果你用憤怒或發號施令的說詞，來對抗對方的憤怒，這樣不但無法壓下他的怒火，反倒讓他更生氣。

調查員應先等待對方的怨言自然停歇，再用移情陳述回答他。調查員做出移情陳述之後，就要預料到對方會宣洩怒氣。約談對象在宣洩時，會更完全表達自己的憤怒，而調查員應等他宣洩到自然停歇時，再回他第二句移情陳述，之後他可能就沒那麼氣了。

調查員應重複這個流程，直到約談對象的怒氣消散。嘆氣、大口吐氣、肩膀下垂、目光朝下，以上行為都表示他的情緒已經冷卻了。此時調查員應提出假設性陳述。

假設性陳述

假設性陳述會讓約談對象以為能控制自己的行動。但實際上，假設性陳述是在強迫約談對象，採取調查員訂好的行動路線，讓生氣的約談對象默認事實。如果他不接受假設性陳述，調查員就要用移情陳述，重啟憤怒循環。

以下案例描述了打破憤怒循環的方法。

嫌犯：「你為什麼當著我太太與兒子的面替我上銬？你根本就在羞辱我！」

調查員：「先生，我替你上銬是基於部門政策。警察逮捕一個人的時候，一定要替他上銬才能把他送到警局，這主要是為了警察的安全。」

嫌犯：「可是你在我家人面前羞辱我，就是不對啊！你們警察是不是都自以為了不起，可以為所欲為。」

（調查員提出解釋，卻沒有效果，於是他用下述打破憤怒循環的技巧。）

圖表14-1　利用假設性陳述，打破憤怒循環

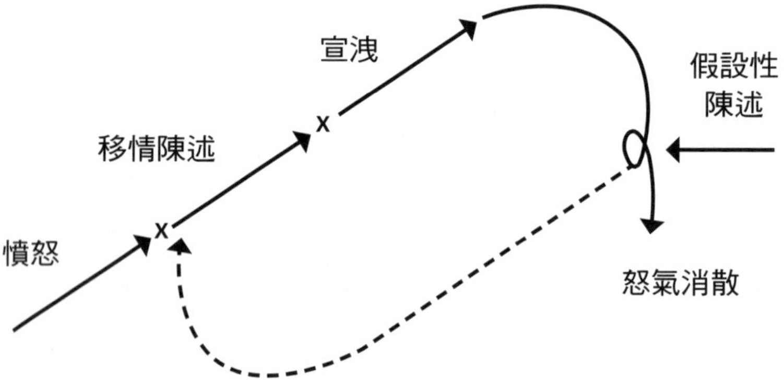

調查員：「所以我在你家人面前替你上銬，讓你覺得很丟臉？」（移情陳述）

嫌犯：「我不會威脅到任何人。有槍的是你而不是我。我頂多利益薰心而已，你就偏要讓我在老婆小孩面前丟臉，好替你自己增光嗎？」（宣洩）

調查員：「所以你覺得自己被逮捕，家人就會看不起你？」（移情陳述）

嫌犯：「我又沒有做錯事，你逮捕我才是天大的錯誤！」

調查員：「喔，原來你覺得我錯得太離譜了。」（移情陳述）

嫌犯：「是啊，我是無辜的。」（嘆氣。表示怒氣開始消散了）

調查員：「那你就配合我一下，把這件事解決掉。這樣你就能早點跟家人團聚，可以嗎？」（假設性陳述）

嫌犯：「好吧。」

調查員：「好。我有幾個問題想問，我們開始吧。」

（調查員拉回正題，朝約談目標邁進。）

假設性陳述迫使約談對象陷入，必須說「好」的局面，否則就好像生氣是裝出來的一樣。如果約談對象繼續說出憤怒的話，調查員就要重回憤怒循環。

重回憤怒循環

如果被約談者怒氣未消、冷靜不下來，調查員就要利用另一個移情陳述，重回憤怒循環。以下是前述對話的另一種延伸。

調查員：「那你就配合我一下，把這件事搞定。這樣你就能盡快跟家人團聚，可以嗎？」（假設性陳述）

嫌犯：「我才不要。麻煩你做好自己的本分，不要闖進無辜之人的家裡，還在他家人面前替他上銬！」（嫌犯不同意假設性陳述）

調查員：「所以警察到你家，在你家人面前逮捕你，讓你很不高興嗎？」（調查員透過這句移情陳述，重回憤怒循環）

調查員應該持續進行憤怒循環，直到對方氣消了為止。調查員可以時不時運用一些假設性陳述，試探對方有多憤怒。因為移情陳述只是用同樣的語言，反映被約談者的感受，所以不會讓他更火大。約談對象冷靜下來之後，調查員就能把談話的焦點，導回約談目標上。

「是你自己選的」

假如重回憤怒循環後，還是無法讓約談對象冷靜下來，調查員應該給被約談者二選一。給約談對象兩個選項，會讓他以為自己能掌控局面；但實際上，無論哪個選項，都是將約談對象重新導向約談目標。強迫約談對象選擇，之後約談對象就沒有藉口反對了。

如果約談對象反對，調查員可以回應他：「這條路是你自己選的，跟我沒關係。」這種「你自己選」的技巧，可讓約談對象為自己的行動負責。

以下對話是前述對話的延伸，說明「你自己選」技巧的運用。

調查員：「我們可以坐在這裡瞎扯，一直拖著不去解決現況，你也回不了家；或者我們切入正題，證明你的清白，這樣你就能盡快回家。你自己選吧。」

假如約談對象的決定還是很不情願，甚或不選擇，調查員可以質疑他之前提到的理由。

調查員：「所以你難過，不是因為無法跟家人團聚囉？」

如此質疑，就能強迫約談對象二選一，或捨棄原本的理由，給調查員另一個不願合作的藉口。被約談者面對這種可能性，通常就會二選一了。無論他選了哪個，這場約談都會因此而有進展。

上述所有情境中，調查員都讓約談對象自以為控制了局面，但實際上，調查員是一步一步的、將約談對象導向約談目標。

神不知鬼不覺

對一個情緒安定的人反覆使用移情陳述，會給他居高臨下的感覺，反而會惹他生氣；這種情況就另當別論。但當一個人生氣的時候，就會出現戰鬥或逃跑的反應，造成情緒崩潰（詳見第九十五頁）。

生氣的人聽到別人說話，會不加思索的有所反應；而在情緒崩潰期間，生氣的人會不由自主的回應對方。所以情緒崩潰反而能幫助調查員在神不知鬼不覺間，有效打破憤怒循環。

積極刺探

打破憤怒循環，可以配合積極刺探來運用。當被約談者被刺探性問題惹火時，調查員可以引導他透過憤怒循環，使對方冷靜下來。等到被約談者冷靜之後，調查員就能重新打好關係，接著再問其他刺探性問題。打破憤怒循環、建立融洽關係、提出刺探性問題，這三個技巧可以讓調查員維持主導權，又能積極刺探不服從的被約談者。

第 15 章

如何突破僵局？

如果嫌犯不願意繼續接受偵訊，
調查員應該立即停止訊問，
並正視對方不願吐實的原因。
人類多是根據感覺做決定，
而不是依據事實。
將偵訊的焦點從事實轉向感覺，
可以克服對方不想合作的心理。

調查員應協助設立、維持約談的最佳步調。如果資訊流動得很順暢，調查員就不應干涉談話流程。然而當談話沒有進展，調查員與對方就會陷入僵局，這也是最大的瓶頸。被約談者不招供，調查員也不知道該怎麼辦。

重視對方的感覺

如果被訊問者堅決反抗，不願意繼續談下去，那麼你應中止預定提問，承認對方沒有意願坦白，接著質問對方為何不說實話。

調查員：「我覺得你真的不想談這件事。那我們就先別談了，說說你有什麼感受吧。」藉此讓被訊問者表達他對約談的感受。調查員可利用這幾個問題鼓勵對話：「你覺得自己受到不公平的對待嗎？」、「你怕坐牢嗎？」、「你覺得自己無端被指控嗎？」、「告訴我，你為什麼不說實話？」

隨機挑數字

請嫌犯從一到一百萬之間挑一個數字，然後將這個數字寫在紙上，不要給別人看到。接著調查員提議：「假如我猜到你寫什麼數字，你願意說實話嗎？」如果嫌犯說「願意」，表示他想繼續談下去；如果他說「不願意」，就表示他不願意再談，此時調查員應改變談話策略。「願意」和「不願意」兩種答案都顯示真相尚未揭曉。

感受vs.事實

人類是依照情緒來下決策，而非事實。因此當你將談話的焦點從「事實」轉移到「感受」，就能軟化對方的反抗。

一起看看證據

調查員可以模擬法院審判實境，與嫌犯一起檢視證據，然後告訴他：「現在你只能說實話了。」

調查員：「我們花一分鐘來審視這些事實吧。你說你沒有犯案，現在我們假設你是十二位客觀的陪審員之一。（調查員開始模擬）陪審團的先生與女士，請容我呈上證據。（調查員與約談對象一同審視證據）現在你聽完所有證據了，還有什麼話要說嗎？

「×××（嫌犯的名字），你如果不把事情講清楚，你的人生從今天起就會改變。這是鐵一般的事實。如果你是那十二人中的其中一位，想必會依照被告的動機，來決定他是否有罪吧？我現在是給你機會。告訴我，到底發生了什麼事？你為什麼要這麼做？」

別讓正義睡著了

調查員可以跟嫌犯說：「我花這麼多時間跟你談，不是因為我想幫你，而是我想對得起自己的良心。」假如他是清白的（即便在大量證據都對他不利的情況下，他還是激烈反抗），調查員就必須確定，自己已經給予對方所有坦白的機會，因為調查員一想到，自己可能把無辜的人送進牢房，晚上就睡不好。

不再訊問起身就走

此外，你可以跟他說：「顯然你不希望我幫忙。你都不幫自己了，我為什麼要幫你？如果你不希望我幫忙，那就請你離開吧！」假如被約談者遲疑了，你應該指著門口，語氣堅定的說：「請你離開。」如果他有罪，他絕對不想在離開之後，比剛來時更焦慮。

此時調查員應稍微沉默一陣子，接著說：「說實話，我才能夠幫你。」如果被約談者真的起身，你就接著問：「你想知道接下來你會怎樣嗎？」如果他確實犯案，通常會坐回原位，繼續談下去。

「你以為自己運氣很好嗎？」

偵訊時，調查員可以跟嫌犯說：「顯然你不想坦白，而我也不能逼你坦白。你有沒有犯案，只有你自己知道；因為事實尚未完全揭曉，我只能懷疑你。」接著，請嫌犯自己評估：調查員是否夠聰明，能找到必要證據逮捕他？

調查員：「顯然你不想跟我坦白。」

嫌犯：「是啊。」

調查員：「你也知道我不能逼你坦白。」

嫌犯：「你又說對了。」

調查員：「你知道自己做了什麼。我只能懷疑你。坦白說，我沒有掌握到所有證據。現在你只能賭我沒有取得證據的能耐。如果你現在跟我合作、負起責任，檢察官與法官會考慮從輕量刑的。

「但等到我自己找到證據的話，就已經太遲了。看著我的眼睛。我會出門調查這個案子，不是只在茶水間閒聊。你賭這麼大，自以為運氣很好是吧？如果我是你就不會這樣想。我認為你現在就該坦白，省得之後惹上麻煩。」

顧全對方面子

調查員告訴嫌犯，要替自己解釋的話，就只有這次機會了。調查員審視過證據後，跟對方說：「我很樂意在法庭呈上這些證據，因為它能把你定罪。看你怎麼想。如果你希望我來描述案情，我就會把這些證據一併上呈，但這樣做對你很不利，你不只要親自描述案情，還要解釋你為什麼這麼做。選擇權在你手上，如果我是你，我知道怎麼做會比較好。」

強迫他移動

強迫約談對象移動他的位置，通常也能改變他的心理狀態。

給對方留點面子

你可以提出一些話題，幫助約談對象保住面子、克服心理障礙，進而使他認錯、甚至招供。像是這麼說：

- 「你的老闆害慘了你。」
- 「沒人看出你的才華。」
- 「你努力工作，卻沒分到好處。」
- 「沒人了解你的好特質。」
- 「你本來應該獲得升遷、接下你想做的工作，結果卻沒有。」
- 「他們把你當外人，而不是『好哥兒們』。」
- 「你的老闆或主管從來不支持你，或你的想法。」

讓對方願意合作的說詞

- 「今天你的人生已經改變，無法挽回了。」
- 「出於尊重且對你公平，我們讓你先決定。」
- 「你有機會掌控後續發展。」
- 「你有機會替自己解釋。」
- 「今天，這件事就看你決定了。」
- 「我們會根據今天的談話內容寫一份報告，再交給主管。你覺得我們應該寫什麼？」
- 「你的籌碼只剩下『內情』而已，為什麼不現在就透露一些？」
- 「負起責任吧。為了你自己與家人，請你選擇光明磊落的行動。」
- 「你可以不用再提心吊膽了。」
- 「卸下內心的大石之後，你會覺得解脫了。」
- 「好人也會犯錯，但他們能請求原諒。」
- 「放聰明一點，做正確的事。」
- 「我們會盡可能不聲張這件事。家人、朋友、同事、鄰居、教會與媒體都不必知道，除非你想讓他們知道。」

- 「你不幫忙的話，我們就只好加強調查了。我們可能得約談你所有鄰居、朋友、家人，你希望他們聽到什麼解釋？」

嫌犯最常問……

優秀的調查員，對於以下問題都會準備好答案，但對於沒準備好的調查員來說，這可能是艱苦的挑戰。

- 「我被逮捕了嗎？」
- 「你打算逮捕我嗎？」
- 「我應該保持沉默，聽你說就好嗎？」
- 「我惹到的麻煩有多大？」

（續下頁）

- 「我需要請律師嗎？」
- 「我可以走了嗎？」
- 「你有什麼證據？」
- 「還有誰知道這個案子？」
- 「你多久以前就知道了？」
- 「你有跟蹤我嗎？」
- 「我的家人或配偶知道這件事嗎？」
- 「接下來會發生什麼事？」
- 「我要服刑多少年？」
- 「假如我今天就招了呢？」
- 「假如我合作，你能幫我什麼？」
- 「我有什麼合作的理由？」
- 「假如我合作的話，可以被赦免嗎？」
- 「我會坐牢嗎？」
- 「我的另一半與小孩該怎麼辦？」
- 「還有其他人有必要知道這件事嗎？」

第15章 如何突破僵局？

- 「這會刊登在報紙上嗎？」
- 「我會被送進哪一種監獄？」
- 「這次約談結束之後，我會被監視嗎？」
- 「我該怎麼辦？」
- 「我可以跟我太太講一下話嗎？」
- 「我回答你之前，可以先跟我的神父談談嗎？」
- 「我可以問我最好的朋友，這時候該怎麼辦嗎？」

第 16 章

約談結束，是下一回合的開始

不管約談的結果如何，
調查員都應該與對方握手言謝，
並陪他走到大樓的門口，
對未來兩人更進一步的接觸會有幫助。

約談的收尾跟開頭一樣重要。如果結束得好，約談對象就更願意接受第二次偵訊。結束之際，雙方的壓力都減輕了，並把一些明顯的問題解決掉。

化解嫌犯內心的衝突

調查員應感謝約談對象的合作，並向他們保證，合作是正確的決定。

當人們對於自己，抱有兩種完全相反的想法，就會產生內心衝突。這種情況令人非常不舒服，因此人們會改變自己的身心狀態，以調和不一致之處。當一個人招認的罪行不符合他的性格，通常就會出現內心衝突。

企業總裁或社區領袖承認犯案的時候，會比較煎熬；但慣犯就較少出現這種內心衝突，因為他們的自我認知與行動一致。如果能夠讓約談對象的行動合理化，就能夠消除他的內心衝突。

給予希望

招認罪行的人可能會失去希望，覺得他們的世界崩毀了，只剩下自殺這條路。為避免極端情況發生，當手上的事情解決之後，調查員應該跟對方聊一下，關於他重回正常生活的可能性，給對方一點希望。

調查員：「你這樣做是對的。為你的行動負責，正是事後補救的第一步。事情解決之後，你就能回到原本的生活。一切都會沒事的。」

保持聯絡

調查員應該留下聯絡方式，讓約談對象能夠再聯絡他。在許多案例中，證人、甚至嫌犯都會再度聯絡調查員，並提供額外的資訊，甚至直接招供。

在一次失敗的謀殺嫌犯審訊之後，調查員以正面的語氣總結這次審訊，並遞給嫌犯一張名片。兩個月後，嫌犯再度聯絡調查員，並且完全招供。調查員問對方：「為什麼想要再聯絡我？」嫌犯這麼回：「我滿喜歡你的，因為你是唯一尊重我，而且願意聽我說的人。」

無論約談結果如何，調查員都應該跟對方握手，如果可以的話，還要一路送他到這棟樓的門口，而不是只送到辦公室門口。這樣做會在被約談者心中留下長久的印象，鼓勵他再度聯絡；他就更可能提供與審訊相關的資訊，或是有關其他犯行的資訊。

事後檢討與評估

結束約談後，調查員一定要事後檢討。他們可以自問：「哪裡錯了？」、「哪裡對了？」與「哪些地方可以改進，讓約談更有效率？」接著評估這次試用的新技巧有沒有效。若新技巧效果不如預期，那就討論一下該怎麼修改這個技巧，讓它更有效。你要對自己坦誠，犯錯是學習過程的一部分，學到的教訓應該要納入未來的約談。

請記住，套話是蒐集資訊最重要的工作。它是一項很容易荒廢的技能，所以必要的時候請務必練習、調整。

附錄

實際應用約談技巧——瓦解凶殺嫌犯的心防

我曾應邀為當地一個警察機構進行約談訓練。在我的簡報結束後，一名警探走向我，請我審查他正在調查的一宗謀殺案件。警探提供了案件的基本情況，我們根據案件資料，以及從之前與謀殺嫌疑人的約談中獲得的訊息，制定了一些約談策略。隨後，警探要求我陪同他一起進行對謀殺嫌疑人的約談，並使用我在簡報中所教的一些約談技巧。我欣然同意。以下提及的警探和謀殺嫌疑人的名字是虛構的。

案件事實

菲利普・格林（Phillip Green）住在自己母親的拖車旁邊，他的母親獨自居住。格林的母親被發現死於她的拖車中，喉部有三處刺傷。前一天晚上，她被謀殺時，正好有一場大雪，雪厚達一英尺。雪停後，格林打電話報案，告訴警方母親死於她自己的拖車內。

第一批警員報告顯示，當時現場只見到兩組腳印。一組是從格林的拖車走向他母親的拖車，另一組是從他母親的拖車走回格林的拖車。周圍沒有發現其他腳印。母親的拖車內沒有強行闖入的跡象，凶器也未在拖車內被找到。

格林成了他母親謀殺案的主要嫌疑人。他多次接受約談，但堅決否認殺害母親。由於缺乏直接證據將格林與他母親的死亡相連，似乎不太可能起訴。調查人員希望能從格林那裡獲得自白。

約談計畫

格林的母親喉部被冰錐刺傷三次，這些傷口非常嚴重。一個當場被抓的現行犯通常不會用冰錐刺殺屋主。自殺的可能性也很小，因為在格林母親的拖車內沒有找到凶器。喉部是語言的象徵，三次刺傷喉部意味著凶手想要讓格林的母親停止說話。

約談場所

我們決定在格林母親的拖車內進行約談。格林將被指示坐在母親最喜歡的扶手椅上。讓格林在他母親的椅子上接受約談，會對他施加心理壓力，因為他會不斷的被提醒，自己殺害了母親的事實。

從第一次面談中獲得的信息

格林否認殺害母親。他承認自己和母親的關係不好，也承認自己是個酒鬼，並且吸菸過量。當被指出有可能是他殺害母親時，格林退縮回自己的幻想世界中。

約談目標

1. 與格林建立良好的關係。
2. 防止格林退回到他的幻想世界中。
3. 從格林那裡獲得自白。

主題發展

約談的主題圍繞著格林與母親之間的對立關係、與如何淡化其罪行，並將格林描繪為被母親不斷指責的受害者。

約談紀錄

以下是我對格林進行的約談逐字稿。約談技巧被括號標出。約談者的分析和評論則放在

【　】符號內。

（約翰．薛佛，以下簡稱「薛佛」）

（菲利普．格林，以下簡稱「格林」）[1]

（比爾．金警探，以下簡稱「金警探」）[2]

（錄音開始）

金警探：格林，這是我們的朋友，薛佛。

薛佛：嗨，格林，你好嗎？

格林：我還行。

薛佛：很高興見到你。

金警探：他今天和我一起來，我們想過來看看你，看看發生了什麼事。

金警探：怎麼樣？

格林：就這樣，還活著。

金警探：你介意我拿幾張椅子來坐嗎？請坐到那張扶手椅上。那是最舒服的椅子。【引導格林坐到他母親的扶手椅上。】

格林：不，你來……我不……那張椅子沒那麼好。【格林對坐在他母親扶手椅上的猶

豫，表明他正在經歷一些心理壓力。】

金警探：我堅持。不想要讓你覺得不舒服。【再次引導格林坐在他母親的扶手椅上。】

格林：好吧……好吧。

金警探：你看起來好多了。（移情陳述）

格林：謝謝。

金警探：那麼，你最近有做什麼嗎？

格林：沒什麼。

金警探：天氣變好之後你還沒有出門？（移情假設）

格林：沒有。還沒有。（確認假設）

薛佛：嗨，格林，怎麼樣？

格林：還好。

金警探：現在我知道你有去過泰勒的酒品商店。（移情假設）

格林：是的。（確認假設）

薛佛：今天？（直接提問）

作者注1、2：這些名字已被更改，以保護警探和嫌疑人的隱私。

格林：是的。

薛佛：你今天大採購了一次。（移情假設）

格林：嗯，是的。（確認假設）

薛佛：（輕笑）

金警探：啤酒、香菸、Slim Jims煙燻肉棒。（移情假設）

格林：嗯，是的。（確認假設）

薛佛：那麼，格林，最近怎麼樣？嗯，你應該處理得還不錯吧？（移情假設）

格林：就……我不知道。（修正假設）

薛佛：現在對你來說經歷這些一定很困難。（移情假設）

格林：是的，真的很難。真的。（確認假設）

薛佛：所以，她也算是孤獨吧？（移情假設）

格林：是的，對。（確認假設）

薛佛：你也很孤獨吧？（移情假設）

格林：是的。（確認假設）

薛佛：你現在還是覺得有些孤單？（移情假設）

格林：是的，除了她，我沒有其他家人了。（確認假設）

格林：我有Shadow（寵物狗），你知道的。她把牠當成是她的孫子。

薛佛：你和狗還挺親近的。（移情假設）
格林：是的，算是。（修正假設）
薛佛：算是？（詞語回音）
格林：是的，算是。
薛佛：那是不是有點像你和媽媽的關係？有時好，有時壞？就像你和Shadow的關係一樣？（移情假設／刺探）【試圖將與媽媽的關係和與寵物狗的關係建立起平行關係，指出好壞參半。】
格林：哦不，我媽對我很好，真是愛我愛到死。（修正假設）
薛佛：你覺得發生了什麼事？（直接問題）
格林：（沉默）
薛佛：你想知道發生了什麼事嗎？（重複直接問題）
格林：是的。
薛佛：好的，那你能不能稍微跟我描述那一天，告訴我發生了些什麼？【引導敘述。】
格林：我覺得她受夠了我喝酒和抽菸了。【格林避免直接回答，但提供了可能的動機。】
薛佛：所以那天她對你生氣了嗎？（移情假設）
格林：不，我覺得她沒有生我的氣。（修正假設）
薛佛：所以，如果她受夠了你抽菸和喝酒，那你能不能描述一下，對你來說，那是什麼

意思？（要求定義）

格林：我只是覺得她受夠了。

薛佛：所以，這是一個持續存在的問題嗎？（移情假設）【試圖確認格林和他母親之間的持續爭執。】

格林：不，我是說，就像我跟你說過的，我也跟她講過，嗯，從今年年初開始她就說她的思緒很混亂。她整個人好像隨時都要炸開一樣……然後，我也不確定那是不是因為我被裁員的關係，還是……你知道的，其他什麼原因。（修正假設）【格林被裁員，這可能是他和他母親之間壓力增加的原因之一。】

薛佛：所以這件事從年初開始就一直在積累嗎？（移情假設）

格林：是的。（確認假設）

薛佛：那，她多常和你談論你的喝酒問題？（直接問題）

格林：嗯，她不喜歡這樣，她一直不喜歡。【格林確認了和母親之間長期的爭執。】

薛佛：那她是怎麼表達的呢？（直接問題）

格林：我之前有過一次恐慌發作的時候，嗯……大概是在六月左右，她希望我去AA戒酒戒菸，就像我告訴過那兩個人一樣（指以前的調查員）。我當時只想中彩券，付清帳單，讓一切回到正軌。【格林揭示了他和母親之間的糟糕關係。格林承認自己有過恐慌發作，這可能加劇了他與母親的衝突。格林提到彩券是他脫困的方式，他試圖逃避現實進入幻

想世界。】

薛佛：所以，你有一個目標，對吧？（移情假設）

格林：是的，是的，是的。一個夢想，一個願望。（確認假設）

薛佛：一個夢想。（詞語回音）

格林：好吧，中彩券的事情……。（笑）

薛佛：你有多確定自己會中彩券呢？（刺探）

格林：我不知道，我只是希望。【格林試圖逃避現實，退縮進入幻想世界。】

薛佛：你有買彩券嗎？（直接問題）【將格林帶回現實。】

格林：有。

薛佛：所以你採取行動了。（移情假設）

格林：是的，當時我有一些債務，我想如果能中彩券，你懂的，還媽……我是說，付清這些帳單，把那片地、她的地付清，只是……你知道的。【格林揭示了自己正在面臨的財務壓力，這可能加劇他的焦慮和壓力。格林也透露他和母親共同擁有土地，這可能是他們關係中的一個額外壓力點。格林本來要說「還媽媽錢」，但停在了「還媽……」這裡（懸而未決），這可能表明他欠母親很多錢。這也可能是格林和母親之間的另一個壓力源。】

薛佛：但它總是差那麼一點點，對吧？（移情假設）

格林：是的。（確認假設）

薛佛：那一定讓你感到相當沮喪。（移情假設）

格林：嗯，是的。（確認假設）

薛佛：好的，那麼，當她死的那天，你們有爭吵嗎？（直接問題／刺探）

格林：沒有，沒有。【「沒有」這個重複的回答，表明這個話題對格林來說引發焦慮。】

薛佛：沒有爭吵？（移情假設）

格林：沒有。（確認假設）

薛佛：她那天有表達她不喜歡你喝酒嗎？（直接問題／刺探）

格林：沒有。我是說，她不喜歡我喝酒，她也不喜歡我抽菸，可是她並沒有拿這件事羞辱我。

薛佛：當然，她顯然是希望你……。

格林：喔，是的，對。（確認假設）

薛佛：……希望你去AA，解決這個問題。（移情假設）

格林：是的。我也這樣做了，你知道的，我希望中彩券，還有把土地付清。（確認假設）【格林重新回到了他的幻想世界。】

薛佛：但這真的現實嗎？你覺得自己中彩券的機會有多大？（直接問題／刺探）【將格林拉回現實。格林必須避免進入他那個幻想的世界，否則他會逃避現實。】

格林：很難。我不知道，應該……。

薛佛：那麼，你有多少（債務）……？（移情假設）
格林：……兩千萬。
薛佛：你有備用計畫嗎？如果沒有中彩券，你有備用計畫嗎？（直接問題）
格林：沒有。就去工作。【格林重新回到現實。】
薛佛：但現在沒得工作了，你說你被裁員了？（移情假設）
格林：是的。（確認假設）
薛佛：你一定很難接受被裁員吧？（移情假設）
格林：不，我是去年被裁員的，但這確實很難。（修正假設）
薛佛：我在試著拼湊你和你母親的關係，她不喜歡你喝酒和抽菸。（移情假設）
格林：喝酒和抽菸，是的。（確認假設）
薛佛：那有沒有其他什麼特別讓她不高興的事？（直接問題）
格林：沒有，就我知道的部分沒有。
薛佛：她已經跟你談過這些事好幾個月了吧？（移情假設）
格林：是啊，其實是好多年了吧？【格林確認了他和母親之間長期存在的不好關係。】
薛佛：好多年了。（詞語回音）
格林：（輕笑）
薛佛：哇，有時候那樣會變得非常沮喪……。（移情陳述）

格林：是的。

薛佛：我記得我十八歲時，我得在家住到十八歲之前才可以離開家。在那之前，我媽媽總是對我唸叨一些事情。十六歲那年，她讓我很沮喪，有時候你真的會被推到一個臨界點，超過那個臨界點後，人就會開始反抗、會感到沮喪。我想你可能也有那種感覺。（移情假設／合理化／尋求共同點）

格林：沒有。我反而希望我還在念書、還住在家裡。【格林希望能回到過去，讓他感覺安全的時間點以逃避現實。】

薛佛：但是，如果你媽媽把你逼到沮喪的地步，她一直不斷唸叨、不斷唸叨，這真的會讓人感到沮喪，對吧？而且你也沒有工作。（合理化）

格林：是的，她擔心我會失去這塊土地。（確認假設）【格林對於可能保不住家族的土地感到內疚。】

薛佛：是的，她擔心土地。這對你來說壓力很大。（移情陳述）所以，她給你施加了保住土地的壓力，這讓你覺得你必須保住這塊地，這是你的責任。（移情假設／合理化）

格林：不是，我的意思是，這塊土地，或者說我的土地，這一切都是聯繫在一起的。我有我的土地，她有她的土地，然後……。（修正假設）

薛佛：但她不希望你失去你的土地。（移情假設）

格林：是的，她不希望我失去我的土地。（確認假設）

薛佛：哦，她不希望土地被分割。（移情假設）

格林：是的。（確認假設）

薛佛：哦，好吧，那對你來說壓力更大了。我在試圖從你的角度理解你的感受，還有你媽媽的感受，這樣我們才能向前進，因為我們需要解決這件事。（移情假設／引導行動）

格林：是的，我的意思是，我希望能。我希望能，但我沒做那件事。【逃避到幻想世界中／重複「我希望能」這個詞，表明這個話題對格林來說引發焦慮。】

薛佛：你沒有做什麼？（直接問題）【澄清「那件事」是指什麼。】

格林：我沒有殺我媽媽。我愛……我聽說工作上有人說我因為這件事被逮捕了，但我並沒有被逮捕。【格林甚至無法說出他愛他母親（懸而未決），這顯示他和母親的關係真的非常糟糕。】

薛佛：你覺得發生了什麼，格林？（直接問題）

格林：我只是覺得她受不了了，然後是她自己下的手，我的意思是，這一切還是跟我有關，你知道，我是指，這一切最終都還是跟我有關，但我沒有做。（部分承認）【罪惡感的表現。】

薛佛：那為什麼你覺得這一切都跟你有關呢？（直接問題）

格林：就是沒有其他的腳印，什麼都沒有，就像他（之前的調查員）說的，沒有強行進入，什麼都沒有弄亂，就像一切都跟我有關。【部分承認和更多的罪惡感表達。】

薛佛：是啊，那你對這樣的情況有什麼感受呢？嗯……你知道，他們基本上是在指控你殺了你媽媽吧？【透過第三方指控格林殺了他的母親，以避免直接指控。】

格林：但我沒有做那件事。（直接否認）

薛佛：沒有做，你沒有做什麼？（問清楚「那件事」的意思）【試圖讓格林說出「殺」或「謀殺」的字眼。格林正在將自己與母親的謀殺事件區分開，這可能是罪惡感的信號。】

格林：我沒有殺我媽媽。（直接否認）

薛佛：那你怎麼解釋……。（直接問題）

格林：我、我沒有傷害她，我、我不知道。（語氣修飾詞）【重複的詞語顯示這個話題讓他感到焦慮。】

薛佛：但是你覺得你對你媽媽的死負有責任，對吧？（直接刺探）

格林：是的，因為我喝酒和抽菸，這是……。（部分承認）

薛佛：而且，你媽媽是那個給你施加壓力的人。（移情陳述）

格林：是的。

薛佛：就像我說的，有時候一個人能被推到的極限是有限的。（合理化／主題發展）

格林：但我沒做。你們已經有證據了。（直接否認）

薛佛：你現在感覺如何？（直接問題）

格林：（哭泣）你說過要進行男人之間的對話。（情緒崩潰）（按：此處主要是指正大

光明、坦率的對談，但此處說話者覺得對方是有意在套他的話）

格林：男人之間的對話，對吧？

薛佛：男人之間的對話。（詞語回音）

格林：男人之間的對話、男人之間的對話。我沒做，你知道我沒做。（直接否認）

薛佛：因為，格林，看起來你已經到了極限，你需要做出決定，因為我大概能想像到現在你生活中的情況，你晚上可能睡得不太好。（移情假設）【有罪的人通常睡不好。】

格林：沒有。我早睡早起。（修正假設）

薛佛：是的。你也正常吃飯。

格林：對。（確認假設）

薛佛：你一天吃一、兩餐嗎？（移情假設）

格林：是的。（確認假設）

薛佛：去加油站吃嗎？

格林：（輕笑）沒有（按：美國加油站的食物，代指沒營養的垃圾食物，此處因為對方含糊不清，也顯示對方無論如何都不算吃得好）。

薛佛：那不算吃得好，格林。這告訴我什麼呢？這告訴我幾件事。你想繼續過這樣的生活，還是想讓它變得更好？（「你自己選」技巧）【確認格林的身體狀況不佳。】

格林：嗯，我得讓它變得更好。我的意思是……。

薛佛：嗯……。（懸而未決）

格林：我想保住這片土地，就是……。

薛佛：那麼，你可以讓它變得更好，格林。當你，當你解決掉讓你睡不好、讓你吃不好、讓你感覺不好的那個東西時，然後……。（移情假設）

格林：我一直沒睡好。吃的是微波食品、沒睡覺。那是我唯一做的事。（修正假設）

【格林承認他睡不好，這與他之前的敘述矛盾。】

薛佛：那麼……。（因背景聲音嘈雜而聽不清）

格林：喝酒？

薛佛：但是事情是，喝酒和抽菸讓你媽媽對你生氣。（刺探）

格林：不，我不認為她對我生氣。我只是覺得她對我失望，因為，你知道，從小就被教育……你不應該喝酒、不應該抽菸、不該說髒話。（合理化）

薛佛：所以，你讓你媽媽失望了。（移情陳述）

格林：大致是這樣，是的。（確認陳述）

薛佛：這是很難面對的。（移情陳述）

格林：是的。（確認陳述）

薛佛：然後她又不停的刺激你，而你又因為做了所有她不喜歡的事而對自己不滿。這樣的壓力積累起來，格林。她一直在刺激你、推著你，把你逼到極限。你因為這樣而感到糟

糕。（刺探／合理化／主題發展）

格林：是的。（確認）

薛佛：所以，現在你應該做出決定，看看是否想要變得更好。（指導行動）

格林：是的。【認命。】

薛佛：那麼，你必須告訴我真相。那是讓你變得更好的方法。（指導行動）

格林：真相是我沒有殺她。（直接否認）

薛佛：那麼，這是否有可能是因為你喝了酒……。（提出可能性）

格林：不，我沒失去意識，我沒有對她做任何事。（拒絕可能性）

薛佛：你傷害了她嗎？（直接問題）

格林：沒有，我沒傷害她，我從來沒對媽媽動過手。【格林使用語氣修飾詞「傷害」和「動手」。】

薛佛：那麼，發生了什麼事？（直接問題）

格林：我不知道。如果、如果我做了，我會告訴你。這、這讓我很困擾。【重複的話語表明這個話題讓他焦慮。】

薛佛：我要直接問你，「為什麼我該相信你，格林」？（窮人測謊器）【測試真實性。】

格林：為什麼你會相信任何人？（以問題回答問題／避免直接回答）

薛佛：這不是關於我的問題，格林。我問的是「為什麼我應該相信你」？這是我問的問

題。為什麼我應該相信你？【重複問題，給格林另一次回答的機會。】

格林：嗯，我是個好人。（避免直接回答問題）

薛佛：我沒問你是不是好人。

格林：我的意思是，我試著做個好人。【使用語氣修飾詞「試著」表明格林並不總是個好人。】

薛佛：那麼，如果你不是好人呢？（提出可能性）

格林：沒有人是完美的。（避免直接回答問題）【格林未通過窮人測謊器測試。】

薛佛：當然，我也不是完美的，沒有人是完美的。但有時候你不是個好人。好人也會做一些不好的事情。是否有可能你被逼到一個極限呢？（提出可能性）

格林：嗯……。（懸而未決）

薛佛：這就是我遇到的問題。雪地裡沒有足跡……沒有足跡。根據你告訴我的，沒有任何打鬥痕跡，而你說其實你需要負責，因為你做了你媽媽不希望你做的事。而且你快要失去土地了。如果我是你，坐在這裡跟你說話，然後再次回顧同樣的事實，你會怎麼想呢？這裡沒有足跡，沒有……。（換位思考）

格林：是的。這讓人看起來像是我做的。（部分承認）

薛佛：是的，確實是這樣。

格林：但我沒做。（直接否認）

薛佛：但我覺得你知道，格林。

格林：是的，我沒做。（直接否認）

薛佛：那麼你怎麼解釋這一切呢？（直接提問）

格林：我覺得她……我覺得她受夠了，然後她選擇結束自己的生命，這就是我所認為的事實。

薛佛：當你說「我覺得她結束自己的生命」，這意味著你不確定，對吧？那麼有沒有其他可能性呢？（推拉詞語，使用「覺得」這個詞）

格林：呃，沒有足跡，什麼也沒有。

薛佛：沒錯，這意味著一切，這讓……。

格林：是的，這一切都連結到我身上。

薛佛：是的，那麼我們該怎麼辦呢？【要求解決方案。】

格林：我不知道。我希望有些線索，某些地方有線索。

薛佛：其實有的。我曾請你描述那天發生了什麼，發生在她死去的那天，你到現在都沒有說過。

格林：我不知道她死那天發生了什麼事。（直接否認）

薛佛：那麼，告訴我那天你做了什麼。

格林：我們沒吵架。

薛佛：那麼，你怎麼描述這一天呢？（詢問「沒吵架」是什麼意思）

格林：你知道，她不喜歡我喝酒和抽菸。

薛佛：好的，那麼她讓你知道，她不喜歡喝酒和抽菸的情況就是發生在那時候了。（移情假設）

格林：是的。（確認假設）

薛佛：好的。

格林：已經這樣一段時間了。

薛佛：好的，那麼你那天早上起來後做了什麼？（直接提問）

格林：哪一天？（用問題回答問題）

薛佛：就是她死的那天？我們就從那天早上開始，如果你沒做，我們可以證明……。

格林：你不能證明。（承認）

薛佛：當然可以，因為我們可以問你，然後看看你那天做了什麼，如果我們能夠證明一切，我們就可以證明你沒有做。但現在，你沒有交代那天你做了什麼，你只是交代了你當時的情緒感受，以及她的情緒感受。

格林：我沒做。（直接否認）

薛佛：但，格林，你……你沒有在聽我說。

格林：我有聽。

薛佛：因為你沒有告訴我，到目前為止，我很清楚你那天的情感，知道那天你感覺如何，她的感覺如何。現在，讓我們談談那天發生的實際事情。從你起床的那一刻開始，你那天幾點起床？（要求敘述）【將格林帶回現實。】

格林：什麼？什麼日子？（用問題回答問題）

薛佛：就是你媽媽被殺的那天。

格林：就是我們發現她的那一天？（語氣修飾詞）【「我們發現她」而不是「她被殺的那天」，暗示他在與事件保持距離。】

薛佛：不是的，就是她被殺的那天？（澄清「發現」的意思）

格林：我……。

薛佛：好，如果你沒有做，我們想幫助證明你沒有做。

格林：是的，我沒做。我在抽剩菸。（直接否認）

薛佛：那麼，你必須回到她被殺的那天。你最後一次見到她是什麼時候？我們來回顧一下你最後一次見到她的情況。【將格林帶回現實。】

格林：如果我知道那天是什麼日子……。

薛佛：那麼，你覺得那天是什麼日子？

格林：我最後一次見到她是在那個星期六，她告訴我待在屋裡，不想我出去，直到路被清理好。

薛佛：還有其他原因，讓她不希望你出門嗎？也許是因為抽菸和喝酒的問題？（刺探）

格林：如果我不能出去買東西，那我怎麼喝酒或抽菸呢？我只能抽剩菸。

薛佛：還有其他原因嗎？也許她告訴你，她不希望你來她家，因為你在抽菸、喝酒，做那些她不贊成的事情。（移情假設）

格林：不，我不認為是這樣。（修正假設／語氣修飾詞「認為」）

薛佛：你不認為嗎？你不確定嗎？（詞語回音／澄清語氣修飾詞「認為」）

格林：我、我之前有去過，她曾經聞到我身上有啤酒味。【重複的話語表示這個話題引發焦慮。】

薛佛：那麼，是否有可能她不希望你過來，因為抽菸和喝酒所以她跟你起了爭執呢？（提出可能性）

格林：不，這……。（懸而未決）

薛佛：是什麼？

格林：是的，她總是告訴我，你需要戒酒戒菸，這已經是一個持續的問題。（確認格林和母親的關係不好）

薛佛：那麼，你覺得做了那件事的人應該受到什麼樣的懲罰呢？（檢驗誠實度：懲罰應該是什麼？）

格林：我認為應該怎樣？我不知道。我希望我能在這裡找到什麼。【用問題回答問題／

沒有給出對懲罰的具體回答，這暗示著有罪惡感。】

薛佛：你知道，我問的是一個非常具體的問題。【提供另一個機會來回答問題。】

格林：我應該知道。（避開回答這個問題）

薛佛：但你……。

格林：因為……因為我沒做。（直接否認）

薛佛：但你沒有回答我的問題。我覺得這有點奇怪，因為我問了你一個問題。你就開始在談抽菸、做這做那，但你實際上沒有回答我的問題。

格林：如果、如果我知道她死的是哪天，我就知道了，但我不知道她死的那天是什麼時候。【重複的話語表示這個話題引發焦慮。】

薛佛：有可能是你當時發怒了、喝醉了，然後……。（提出可能性）

格林：不，我沒傷害我媽媽。我沒有過來，呃……我無法確定我當時是不是斷片了。

薛佛：但有可能你失去了記憶嗎？因為顯然，所有證據都指向……。（提出可能性）

格林：是的。

薛佛：你有什麼……？

格林：它指向我。（部分承認）

薛佛：是的。

格林：但我沒做。（直接否認）

薛佛：沒做什麼？【迫使格林面對現實。】

格林：我沒有殺她。沒有完美的犯罪。（直接否認）

薛佛：不，的確沒有。（笑）

格林：就像看電視劇CSI、律政風雲一樣，沒有完美的犯罪。我沒做。（直接否認）

薛佛：但看起來像是你做的。（假設）

格林：好吧，看起來像是我做的，但是……。（部分承認）

薛佛：你認為是你做的嗎？

格林：不，我沒做。（直接否認）

薛佛：我知道這讓你很沮喪，格林，但這是件嚴重的事，我們……。

格林：是的，我知道這很嚴重。

薛佛：你害怕如果你說出真相，你可能會進監獄嗎？（提出可能性）

格林：我沒做。我沒做。（直接否認）

薛佛：當另一個人逼到你不得不反抗的時候，那不是你的錯。（合理化／主題發展）

格林：我一直都在配合。（語氣修飾詞）

薛佛：你確實都在配合，但我們來談談一些之前沒談到的事。我知道這在煎熬著你，格林，我從你的表情可以看出來。【反駁「配合」這個語氣修飾詞。】

格林：我沒做。（直接否認）

薛佛：那麼，這裡有件事讓我困惑。如果你說你沒做，我相信你。但為什麼在這個房間裡，只有我一個人試圖證明你沒做？你沒有幫助我們證明你沒做，這很奇怪。你同意這看起來奇怪嗎？【將格林帶回現實。】

格林：是的。

薛佛：是的。因為如果你沒有做，卻要坐牢，那是錯誤的。那為什麼你不幫助我們呢？（直接問題）

格林：我沒做。（直接否認）

薛佛：那麼，回答我這個問題。為什麼你不幫助我們證明你沒做？這讓我困惑。

格林：我不知道，如果，我能在某個地方找到什麼……。

薛佛：格林，格林，你可以幫我們，只要告訴我們你那天做了什麼。

格林：我沒對我媽媽做過什麼。（直接否認／過度解釋反應）

薛佛：格林……。（懸而未決）

格林：我沒對她動過手。（語氣修飾詞）

薛佛：那麼，是否有其他人可能做了這件事？有時候一個人內心會有兩種人格。這有可能嗎？（提出可能性）

格林：是的，我確實說過，是的。（確認可能性）【雙重人格可能是格林為自己辯解的一種方式。】

薛佛：那有可能嗎？

格林：那是我的兩種人格。一種過著平凡的生活，而另一種則活得精彩。它是……。

薛佛：所以，是不是可能當你過著低潮的生活時，你做了這件事？（提出可能性）

格林：不，我的意思是，我擁有四十英畝的土地，但為什麼我會想失去它？為什麼會想失去我媽媽？（哭泣）。我沒做。我不想失去這一切。就像我說的，只要把所有的貸款付清……。【「為什麼會想失去我媽媽？」的主詞「我」缺失暗示缺乏承諾。格林從雙重人格的話題中改口。】

薛佛：我說的是，這對你來說壓力很大，格林，生活給了你一些艱難的打擊。（移情假設／合理化／主題發展）

格林：是的，但這是我自己做的。（確認移情陳述）

薛佛：是的。但是你不需要別人一直逼迫你，格林，我是說，你會感到沮喪，或許你已經受夠了你媽媽一直唸叨、逼迫你。（合理化／移情假設／主題發展）

格林：不。（修正假設）

薛佛：你想讓這件事得到解決嗎？

格林：想。（哭）是的……。

薛佛：那你得幫助我們，格林。

格林：我希望我能，我希望能找到一些東西，能……。（哭）

薛佛：好吧，你可以告訴我們。你還沒談到實際情況。你談了很多情感，但我們還沒有談到實際發生了什麼。我知道你不想一輩子這樣過下去。承擔著無法告訴別人任何事的重擔是很難的。一旦你告訴了某人，你會感覺好多了。（指導行動）

格林：我沒做。（直接否認）

薛佛：是不是有可能你不小心殺了你媽媽？（提出可能性）

格林：先生，我告訴你，我沒做。（直接否認／過度解釋反應）

格林：我、我、不能跟任何人說，我的意思是，我告訴過他們，我、我總是害怕，我很緊張，就是……。【重複的詞語表明這個話題讓他感到焦慮。】

薛佛：你為什麼害怕和緊張？（直接問題）

格林：就是什麼都害怕。無法成為一個完美的人。【承認自己不是完美的人可能是悔過的開始。】

薛佛：沒有人是完美的。我們都會犯錯。所以他們才會在鉛筆上加橡皮擦。（亡羊補牢技巧）

格林：是的。

薛佛：你知道，橡皮擦能擦掉那些黑痕，但紙上還是會有凹痕。所以，你其實有一個選擇。你可以抹去黑痕，並處理那個凹痕，或者你得處理兩者。所以，你得做個決定。（「你自己選」技巧）

格林：是的。【放棄。】

薛佛：我覺得你不能承受一輩子的壓力，格林。你現在已經處於極限，我能感覺到……是還是不是？（直接的極性問題）

格林：是的，就像我說的，我不想待在這裡……。【格林想逃進他的幻想世界。】

薛佛：你說你不想待在這裡，指的是在地球上嗎？（移情假設）

格林：不，我、我只是……。【重複的詞語表明這個話題讓他感到焦慮。】

薛佛：那麼，你在考慮自殺嗎？（移情假設）

格林：不。（確認假設）

薛佛：因為你說了你不想待在這裡。

格林：是的，我家裡有幾把槍，但為什麼要這麼做呢？

薛佛：你有想過自殺嗎？（直接問題）

格林：不，沒有。

薛佛：你一次也沒想過？

格林：我、我無法把槍指向我的頭並扣動扳機。我認識幾個因為這樣死去的朋友。【重複的詞語表明這個話題讓他感到焦慮。】

薛佛：嗯……我沒問你能不能做這件事，我問你有沒有想過這樣做？

格林：不。

薛佛：如果你對你媽媽做了什麼傷害她的事，那這可能是你不想待在這裡的絕佳理由。這就是我們在這裡的原因，格林，看看，這一切又回到了……。（刺探）

格林：我這裡。（部分承認）

薛佛：是的。

格林：是我。我。（部分承認）

薛佛：好吧，根據你所說的，沒有腳印、沒有強行進入，武器也沒找到，所以說是自殺很難讓人相信，因為附近沒有武器。所以基本上，你在說的事連你自己都不相信。我覺得答案就這在這裡，格林，你知道，在你心裡。我知道你知道。我有這種直覺。我能看透一個人。我可以直接看到那個人最本質的部分。我看著你，格林，我看著你，就是這裡，你知道，你很難承認……承認這一點很難，但我能看見。而你也能看見。這就是我認為在你、我和真相之間的東西。好了，讓我們來談談死亡吧。

（停頓）

薛佛：你盯著我看。是為了什麼？讓我走開……讓問題消失？讓你不必看見自己嗎？

格林：不，讓我們……我們一直是男人之間的對話。我不是……。

（移情假設／刺探）

薛佛：現在，格林，我們偏離主題了。這就是你常做的事。就在我快要觸及要點時，你就換了話題，這告訴我你在害怕。（刺探）

格林：我害怕。我、我剛告訴過你，我很害怕。我很緊張。【重複的詞語表明這個話題讓他感到焦慮。】

薛佛：你害怕什麼？

格林：什麼都怕。

薛佛：告訴我一些事情。你最害怕的事是什麼？最害怕的那件事？（直接問題／刺探）

格林：就是沒有成為符合期待的人。而我一直沒成為那種人。（合理化）

薛佛：就是喝酒的事？（移情假設）

格林：還有抽菸，還有我生活的方式。（確認假設）

薛佛：你不需要你媽媽一直提醒你這些。知道自己沒過上正確的生活是一回事，但每天都被提醒是另一回事。（移情假設）

格林：是的。（確認假設）

薛佛：你不符合期待……那很傷人。（移情陳述）

格林：我每天都在提醒自己這些事。【格林想承認，但出於某種未知原因無法說出口。】

薛佛：是的。這正是你最終需要面對的，如果你想變得更好，如果你想感覺更好，如果你想把生活整理好。這就是你得面對的。（指導行動）

格林：而我……。

薛佛：我能看見。我能看見。告訴我它不在那裡，格林。告訴我我錯了，我看到的不是

你心裡的東西？告訴我。（強迫）

格林：我沒有殺我媽媽。（直接否認）

薛佛：不，這不是我們在談論的事。告訴我。

格林：我心裡有傷痛嗎？（以問題回應問題）

薛佛：是的。

格林：有很多傷痛、很多傷痛。

薛佛：是的。

格林：但是那不是來自我媽媽的。

薛佛：不，那來自你自己。因為你媽媽恰好是那個一直逼你的人，每天提醒你。而你不需要每天被提醒，因為你自己很擅長提醒自己，就像你說的。你每天都在提醒自己。但你感受到的這份心痛，不會消失。它不會消失，除非你……。（指導行動）

格林：如果我知道發生了什麼，我會告訴你。

薛佛：格林，這一切又回歸到你自己。你怎麼能就坐在那裡說「好吧，事情回到我這了」；這不正常。你就坐著說「好吧，我接受了」；這不正常，格林。【讓格林回到現實。】

格林：是的，我晚上睡不著。我什麼都做不了。【加強因內疚而失眠的主題。】

薛佛：那麼，我們必須一起合作，這樣你才能睡得著。

格林：我不想繳帳單、我不想做任何事，你知道，我什麼都沒處理過。我連衣服都沒碰過，它們還躺在那裡。

薛佛：那麼，你怎麼處理現在感覺到的痛苦呢？（直接問題）

格林：我不知道。

薛佛：你知道它是怎麼來的。你知道該怎麼處理。你必須面對去解決它。那是最難的部分。（指導行動）

格林：是的，我為我喝酒感到抱歉、為我搞砸的一切感到抱歉、為我沒成為她想要的兒子而感到抱歉。（哭泣）【格林正在做出小的承認，這可能會讓他承認殺了媽媽。】

薛佛：所以，她顯然對你感到沮喪。（移情陳述）

格林：沮喪、失望，隨你怎麼說。（確認假設）

薛佛：她的確有點逼迫你。她有。你可以隨你想要的定義這個行為，但她確實逼了你。（刺探）

格林：是的。隨你怎麼定義。

薛佛：她逼得太過了。（移情假設）

格林：不，她沒有。（修正假設）

薛佛：她不知道何時該停下來嗎？（移情假設）

格林：不，她不知道，不知道。（部分承認／確認假設）

薛佛：但你已經想過這件事很久了，我知道。（移情假設）

格林：想什麼？（以問題回應問題）

薛佛：你和你媽媽之間所有發生的事情？告訴我，告訴我我錯了，格林。

格林：你錯了。

薛佛：那麼，你在想什麼？

格林：想著我怎麼能成為更好的人，然後中個彩券，讓一切回歸正軌。【格林正在退回他的幻想世界。】

薛佛：然後你又回到想要中彩券的話題，這只是幻想的想法。（移情假設）【把格林拉回現實。】

格林：是的。（確認假設）

薛佛：因為中彩券的機會是多少，格林？【把格林拉回現實。】

格林：我不知道。一百六十三萬分之一。

薛佛：是的，為什麼你認為自己會是那個中獎的人？你把一生的希望寄託在中彩券上。

格林：是的。成為那個特別的人。【退回他的幻想世界。】

薛佛：所以，你想成為特別的人？你想在你媽媽眼中是特別的嗎？（直接問題／刺探／主題發展）

格林：我在我媽媽眼中就是特別的。

薛佛：但你讓她失望了。

格林：是的。（確認假設）

薛佛：她對此感到沮喪。你也對此感到沮喪。（移情假設）

格林：我媽媽是我在繼父去世後唯一的依靠。（修正假設）

薛佛：我們經常對摯愛的人發火，因為那是最痛的時候。當一個陌生人告訴你他對你感到失望，你可以聽聽就過去。但當摯愛的人這麼說時，那才最痛、痛得最深，痛得最難以癒合。（合理化）

格林：為什麼我要傷害她？

薛佛：因為她是和你最親近的人，就像我說的，她就是那個一點一滴逼著你，提醒你喝酒、抽菸不對的那個人，而這是最痛的。當我們受傷時，會發洩出來。而你，格林，你發洩出來了。（合理化／刺探）

格林：不，我沒有。（直接否認）

薛佛：但那不是……。

格林：不，我沒有。（直接否認）

薛佛：就像你說的，有兩個格林，而那是另一個格林做的。這裡的這個格林不會做這樣的事，可能是另一個他做的。你得從這些折磨中解脫。你現在就差一點就能告訴我真相。（合理化／假設／主題發展）

格林：是的，這裡肯定有些東西。

薛佛：不，格林，你就差一點就能告訴我了。（假設）
格林：我在告訴你真相。我沒有殺我媽媽。（哭泣）我沒有傷害她……。（直接否認）
薛佛：我們需要把每個詞都定義一遍嗎？
格林：什麼意思？
薛佛：好吧，你需要定義一下「傷害」。（要求定義）
格林：我沒有對她動過手。
薛佛：那麼，那就只剩下什麼了？一把武器。當你殺了某人……。
格林：我沒有用武器傷害她。
薛佛：那就不是對她動手，對吧？你在和我玩文字遊戲。
格林：我不是在玩文字遊戲，先生。
薛佛：是的，你是，格林。
格林：不，我不是。我沒有在跟你玩文字遊戲，我沒有傷害她。
薛佛：那你有殺她嗎？（直接問題）
格林：沒有，我沒有殺她。
薛佛：那你謀殺了她嗎？是意外的嗎……？
格林：沒有。
薛佛：你就差一點了，格林。我能感覺到。你想說出真相，因為你不想繼續坐在你的拖車裡，每天都想著它，日復一日。

格林：我沒有殺我媽媽。（直接否認／過度解釋反應）

薛佛：所以，你覺得我搞錯方向了嗎？（直接問題）

格林：不。（部分承認）

薛佛：那麼，我是在對的方向嗎？你是想告訴我這個，格林？（笑）格林，我們在取得進展。至少我找對了方向。

格林：你找對了方向，只是……。（部分承認）

薛佛：那麼，幫助我前進吧。給我個指示，讓我跟著前進。（指導行動）

格林：我只是……這裡一定……這裡本來應該有點什麼的。【退回他的幻想世界。】

薛佛：看，格林，忘了那個吧。你現在偏離話題了。我們要集中在我找到的這個方向上。這就是我們現在的重點。

格林：是的。

薛佛：讓我問你一個問題。我希望你能想一個介於一和一百萬之間的數字，好嗎，格林？你能想到那個數字嗎？你有那個數字了，對吧？有嗎？（突破僵局——隨機挑數字）

格林：有。

薛佛：好。如果我猜對那個數字，你會告訴我真相嗎？

格林：會。

薛佛：那麼，真相是可以找到的，對吧？更多進展，格林。我們在取得更多進展。我找對了方向，並且真相是可以找到的。你認為這會怎麼結束，格林？（直接問題）

格林：我不知道。

薛佛：你得做個決定，是要面對這一切，把它說出來，還是你想一輩子都讓它一點一點啃噬你、折磨著你。（「你自己選」技巧）

格林：不。我沒殺她。（直接否認）

薛佛：格林，我有問過你關於殺她的事嗎？沒有。我是在說一個祕密、一個在啃噬你的祕密，我在說的就是這種感覺，因為你正生活在這種感受中。現在我們來談談。你害怕進監獄嗎？是不是因為怕進監獄，所以你不想說出來？（呈現可能性）

格林：不是，我曾經在監獄待過一天，我不喜歡那樣。

薛佛：所以，如果你說出真相，你怕可能要回監獄，是這樣嗎？（呈現可能性）

格林：不是。

薛佛：你害怕會讓你的朋友、社區裡的人感到尷尬嗎？（呈現可能性）

格林：我不知道他們會怎麼想。

薛佛：那是什麼呢？因為一定是有某些東西，不是嗎？告訴我，那是什麼？

格林：我沒有成為我媽媽希望我成為的人。【繼續發展主題。】

薛佛：這就是造成沮喪的原因嗎？如果你承認，哦……我剛想到一點。如果你承認你和你媽媽的死有關，那就證明你沒有達到她的期望。如果你承認了，那就意味著你就是那個沒有做到她期望的人。所以，你不能承認它，因為那會讓你變成你最不想成為的那個人。就這樣了。明白了。我解開了這個謎，格林。因為你承認傷害了你媽媽，就證明你讓她失望了。而你無法面對這一點。這就是原因，不是嗎？（繼續發展主題）

（長時間停頓）

薛佛：這是一個必須背負的可怕負擔。因為你知道，你過去每天都提醒自己，你和媽媽的關係有多糟。現在你有兩件事每天都在提醒你（按：一是與媽媽之間糟糕的關係，二是自己傷害了媽媽的事實）。你知道如何讓它停止。面對它。你還有時間成為你媽媽希望你成為的人。不要浪費這個時間。你可以成為那個人，你今天，就可以開始成為那個人。雖然會痛一會兒，但隨後會好轉、癒合。你媽媽會為你感到驕傲。這樣她的死亡就不會白費了。她的死亡將是為了讓你成為一個更好的人，這就是能讓它變好的方式。證明給她看，你能成為她所希望的人。你準備好成為那個人了嗎，格林？（發展主題）

格林：她不在了。

薛佛：不，她在天上，她能看到你。你準備成為那個人了嗎？格林，告訴我，告訴我發生了什麼事。成為她所期望的人，格林。你能做到的。現在我們知道問題在哪裡，我們就能解決它。

格林：是的，但每個人都覺得是我做的。

薛佛：所以，你擔心那些人覺得是你做的。（移情假設）

格林：我知道我沒做。只是外面那些人，製造那些謠言什麼的，然後……。【退回他的幻想世界。】

薛佛：不、不，格林，我們來談談你達到你媽媽期望的事，以及承認你殺了她。（指導行動）

格林：我沒有殺她。（直接否認／過度解釋反應）

薛佛：那麼，如果你……。

格林：我沒有傷害她。（語氣修飾詞／過度解釋反應）

薛佛：好吧，我們卡在這些「傷害」和「殺」的詞上，忘了那些吧，格林。我的意思是，你就差那麼一點點，差點就跟我說出真相了。是什麼阻止了你？格林，什麼阻止了你？我們來談談那個。什麼阻止了你告訴我真相？告訴我，格林。我在等著你。（突破僵局）

格林：她死了，是因為我。（部分承認）

薛佛：你幫助她做的嗎？（直接提問）

格林：沒有，我沒幫她做、我也沒有傷害她。（直接否認）

薛佛：嗯……。

格林：我沒傷害她。

薛佛：你幫助她傷害自己嗎？（直接提問）

格林：沒有。

薛佛：讓我們回到問題上來。你就差一點了，格林，我知道你差一點就說出來了。是什麼阻止了你？告訴我，什麼阻止了你？是恐懼，是不是？面對事實的恐懼，你得面對你自己的行為，這些行為恰恰證明了你不是你媽媽希望的那個人，而且你讓她失望了。你還沒準備好面對這一點，是嗎？（附加問題）

格林：她不喜歡我喝酒、她不喜歡我抽菸。

薛佛：你還沒準備好面對它，是不是？（停頓）是或不是，格林？（停頓）回答我是還是不是？

格林：我讓她失望了，因為我喝酒和抽菸。（主題發展）

薛佛：這不是我問的問題，格林。問題是，你還沒準備好面對真相，是還是不是？

格林：是的，我準備好面對真相了。

薛佛：那麼，讓我們一起面對吧。告訴我它是什麼。

格林：我的意思是……。

薛佛：你應該有勇氣像個男人一樣面對真相，這樣治療的過程才能開始。有時候，我們必須經歷人生中最低谷的時候，才能到達人生的最高點。你還有整個人生，我希望你能夠去爭取它、爭取你媽媽的尊重。我希望你爭取到它，格林。你不能只想直接獲得，我也不會直接給你，你必須去贏得它。唯一能贏得它的方式就是透過努力。面對真相，格林，贏得它。

現在，為什麼你要逃避呢？睜開你的眼睛，不要逃避。你要留在現實中，贏得這一切，格林。睜開你的眼睛，格林，別逃跑。贏得它、贏得那份尊重。如果你主動爭取它，你會得到我的尊重。（主題發展）

格林：我媽媽不在了。我不知道該怎麼辦。

薛佛：贏得它、你得贏得它。但你得看看，為什麼，你媽媽為什麼走了？是什麼讓你對你媽媽做了這樣的事？我知道是什麼，你也知道是什麼。你在害怕。（主題發展）

格林：是的，我的喝酒和抽菸。那就是原因。（部分承認）

薛佛：是啊，但你沒贏得它，不是嗎？（附加問題）

格林：我有，我是她的兒子。

薛佛：我說的是，因為你是個男人，能面對現在內心的情況，這才是男人。顯然，你還沒有準備好成為一個男人。因為一個男人會面對這一切。試著在你人生中第一次贏得他人的尊重。你將獲得這裡三個人的尊重。這樣你也能安然入睡。（主題發展）

格林：不，我知道我媽媽正在看顧著我。

薛佛：你知道她在說什麼嗎？贏得它。不要讓我的生命白費，（聽不清楚）為了讓你贏得那份尊重，為了現在的機會，是的，這是件壞事，但壞事也能變成好事。贏得它。這樣她就能安息了。（主題發展）

格林：她已經安息了。

薛佛：她會感到更安慰一些，如果你能贏得她一直希望你能得到的那份尊重……。（主題發展）

格林：她知道我沒有傷害她。

薛佛：那麼，發生了什麼事？你做了什麼呢？（直接提問）

格林：我什麼都沒做。（直接否認）

薛佛：不，格林，你做了些什麼。（直接指控）

格林：沒有，我……沒有。（直接否認）

薛佛：現在，我只想知道，究竟是什麼擋在你、我和真相之間？你說我在對的方向上，我發現了一些東西，格林。現在你知道這問題的關鍵在哪裡，我們知道問題是什麼，你現在夠不夠成熟面對它？還是說，這需要一段時間。你還需要幾天時間來接受真相嗎？（刺探／突破僵局）

格林：我沒有……。

薛佛：一個月？你什麼時候準備好面對真相？給我一個日期？

格林：我不知道。

薛佛：兩個月？六個月？

格林：我沒做。

薛佛：不，我不是問你是不是做了。你什麼時候準備好面對真相？這才是問題。我知道

你想面對真相、你想做對的事。（移情假設）

格林：是的。我不知道，這……。

薛佛：那麼，直到你定出日期之前，你都無法改變自己。你不想繼續活在煎熬中。但你也不會得到你如此渴望的尊重。因為你沒有工作，你會失去那塊土地，這進一步證明了你是你媽媽所指責的那種人。你看出來了嗎？這不關乎那些物質的東西。這關乎的是你，還有你對自己的感覺。這就是問題的關鍵。你不能再透過喝酒和抽菸來逃避，這就是在自我醫治，因為你不想面對自己。這才是關鍵。告訴我，我錯了嗎？（主題發展）

格林：你沒錯。【承認。】

薛佛：好的，謝謝你。你準備今天還是明天做出改變？

格林：做什麼？改變我的生活？

薛佛：是的。

格林：（聽不清楚）

薛佛：我們現在就開始。

格林：那是……。

薛佛：告訴我真相。

格林：那就和彩券有關。【轉向幻想世界。】

薛佛：我們保持在當下、此刻和現在。【讓格林回到現實。】

格林：那正是當下、此刻和現在。

薛佛：所以，我們得把彩券放到一邊。格林，聽我說。你什麼時候才能夠承認，你殺了你母親？

格林：大概一個月後吧。

薛佛：我們不能強迫你說出任何事。你必須在準備好的時候做。過一個月我會回來，再來找你。

格林：謝謝。再見。

薛佛：再見，格林。想想我們談過的事。

（錄音結束）

後記

並非每一次的詢問都會以自首結束，這次就沒有。然而，這次詢問揭示了格林無法自首的障礙。格林想自首，但他還沒有做好心理準備，承認自己殺了母親。如果格林承認殺害了母親，那麼他就必須承認自己是母親所說的那個可怕的人。此外，殺死養育他並賜予他生命的人，是道德上不可接受的。繼續進行這場對話，將不會帶來進展。我們決定結束這次對話，並等待一個月，讓格林有時間調和自己的認知失調。

在隨後的這個月中，我們計畫保持與格林的聯繫。每週，警探會在格林家門口留下六瓶啤酒和一些Slim Jims，但不與他交談。

一個月後，警探敲響了格林的門。當格林開門時，警探說：「嗨，格林，你準備好自首了嗎？」格林回答說：「是的，我準備好了。我殺了我母親。」格林後來認罪，並被判處了更長的監禁刑期。

國家圖書館出版品預行編目（CIP）資料

FBI 套話術，讓他不知不覺說真話（系列作品暢銷破20萬本增修版）／約翰・薛佛（John R. Schafer）、喬・納瓦羅（Joe Navarro）著；廖桓偉、陳映融譯. -- 三版-- 臺北市：大是文化有限公司，2025.06
320頁；17×23公分. --（Biz；489）
譯自：Advanced Interviewing Techniques : Proven Strategies for Law Enforcement, Military, and Security Personnel, 4th ed.
ISBN 978-626-7648-63-6（平裝）

1. CST：偵查　2. CST：軍事審判

548.641　114004769

Biz 489

FBI套話術，讓他不知不覺說真話

（系列作品暢銷破20萬本增修版）

（原版書名：FBI套話術，讓他不知不覺說真話）

作　　者／約翰・薛佛（John R. Schafer）、喬・納瓦羅（Joe Navarro）
譯　　者／廖桓偉、陳映融
封面攝影／吳毅平
責任編輯／陳映融
校對編輯／陳語曦
副 主 編／蕭麗娟
副總編輯／顏惠君
總 編 輯／吳依瑋
發 行 人／徐仲秋
會 計 部｜主辦會計／許鳳雪、助理／李秀娟
版 權 部｜經理／郝麗珍、主任／劉宗德
行銷業務部｜業務經理／留婉茹、專員／馬絮盈、助理／連玉
　　　　　行銷企劃／黃于晴、美術設計／林祐豐
行銷、業務與網路書店總監／林裕安
總 經 理／陳絜吾

出 版 者／大是文化有限公司
臺北市100衡陽路7號8樓
編輯部電話：（02）23757911
購書相關資訊請洽：（02）23757911　分機122
24小時讀者服務傳真：（02）23756999
讀者服務E-mail：dscsms28@gmail.com
郵政劃撥帳號：19983366　戶名：大是文化有限公司

香港發行／豐達出版發行有限公司　Rich Publishing & Distribut Ltd
地址：香港柴灣永泰道70號柴灣工業城第2期1805室
Unit 1805, Ph. 2, Chai Wan Ind City, 70 Wing Tai Rd, Chai Wan, Hong Kong
電話：21726513　　傳真：21724355
E-mail：cary@subseasy.com.hk

封面設計／林雯瑛
內頁排版／黃淑華
印　　刷／鴻霖印刷傳媒股份有限公司

出版日期／2025年6月　三版
Printed in Taiwan
定　　價／新臺幣460元
（缺頁或裝訂錯誤的書，請寄回更換）
ISBN／978-626-7648-63-6
電子書ISBN／9786267648629（PDF）
　　　　　9786267648612（EPUB）

Advanced Interviewing Techniques (4th Ed.) by John R. Schafer and Joe Navarro